STEIDL

Heiner Dorroch, geboren 1933 in Essen, arbeitete bis Anfang der siebziger Jahre als Maschinenschlosser und ließ sich dann zum Industriekaufmann umschulen. Seit 1975 ist er als Interviewer für Meinungsforschungsinstitute tätig.

Heiner Dorroch

Meinungsmacher-Report

Wie Umfrageergebnisse entstehen

STEIDL

1. Auflage, Juni 1994

© Copyright: Steidl Verlag, Göttingen 1994
Umschlag: Klaus Detjen
Umschlagfoto: Frieder Blickle/Bilderberg
Alle Rechte vorbehalten
Satz, Scanlithos, Druck, Bindung:
Steidl Verlag, Düstere Str. 4, D-37073 Göttingen
Printed in Germany
ISBN 3-88243-336-1

Inhalt

1. Einleitung
   oder Was Meinungsforschungsgesellschaften
   so alles einfällt 7

2. Meine Karriere als Interviewer
   oder Aller Anfang ist schwer 27

3. GfK oder Wie die Marktforschung betrogen
   werden will 37

4. GFM-Getas
   oder Wie Zielpersonen konstruiert werden 53

5. IFAK oder Nebensätze kosten Zeit 75

6. EMNID oder Die Strichelkontrolleure 97

7. MARPLAN oder Wie Parteien
   und Politiker zu Prozenten kommen 119

8. Infas oder Eine Episode 147

9. BasisResearch oder Wie der Maurergeselle
   zum Bauunternehmer wird 161

10. Schluß oder Umfrageergebnisse
    sind keine absoluten Wahrheiten 177

1. Einleitung

oder Was Meinungsforschungsgesellschaften so alles einfällt

Im Februar 1994 schickte mir das Meinungsforschungsinstitut IFAK eine Vorankündigung für eine Studie zum Thema »Gynäkologische Antimykotika«.

Seit 19 Jahren arbeite ich nun schon als Interviewer für viele bundesdeutsche Meinungsforschungsgesellschaften, darunter so bekannte wie EMNID, die GfK, GFM-Getas, Infas oder MARPLAN. Ich besuchte eine Vielzahl von Haushalten, kontaktete unzählige Menschen und bestürmte sie mit mehr oder weniger sinnvollen Fragen.

Doch auch heute am Ende meiner Karriere als freiberuflicher Interviewer verstehen die Meinungsforschungsgesellschaften und ihre Auftraggeber es manchmal immer noch, mich mit ihrem Einfallsreichtum und ihrer Fragenwut zu verblüffen. In der angekündigten Umfrage ging es darum,

»Frauen *zwischen 18 und 50 Jahren* zu befragen, die wenigstens einmal an einer (Pilz)-Infektion im *Genitalbereich* erkrankt sind«. (Vgl. Anlage 1)

Wenigstens konzedierte das Unternehmen, daß die Thematik »etwas heikel« sei. Doch das Verständnis der IFAK ging nicht soweit, die Schwierigkeit einer solchen Befragung auch angemessen zu honorieren: Sie bot 30 Mark für ein vollständiges Interview. Und darin enthalten waren schon

»eventuell anfallende Fahrtkosten oder Auslagen für ein Geschenk an die Befragungsperson«.

IFAK

IFAK Institut GmbH & Co.
Markt- und Sozialforschung

Telefon:

Interviewer-Abteilung

24.02.1994

ANKÜNDIGUNG
Studie "Nr. 604"
Gynäkologische Antimykotika

Liebe Mitarbeiterin,
lieber Mitarbeiter,

wir erhielten den Auftrag, Frauen zwischen 18 und 50 Jahren zu befragen, die wenigstens einmal an einer (Pilz)-Infektion im Genitalbereich erkrankt sind.

Dabei werden zum Beispiel Fragen gestellt, ob die Personen einem freiverkäuflichen Antimykotika (= Medikament gegen Pilzerkrankungen) hinsichtlich Wirksamkeit und Sicherheit das gleiche Vertrauen entgegenbringen wie einem verschreibungspflichtigen Medikament, welche Nebenwirkungen bei freiverkäuflichen Präparaten erwartet werden usw..

Wegen der "etwas heiklen Thematik" soll der Befragungsperson ein Fragebogen zum Selbstausfüllen und ein Umschlag übergeben werden, damit sie Ihnen den ausgefüllten Fragebogen verschlossen zurückgeben kann. Das Ausfüllen des Fragebogens nimmt ca. 30 Minuten in Anspruch.

Selbstverständlich können Sie die Befragungspersonen in Ihrem engsten Familienkreis (auch im eigenen Haushalt!) rekrutieren.

Das Interview wird voraussichtlich mit DM 30,-- honoriert.

Bei der Festlegung dieses Honorarsatzes haben wir auch evtl. anfallende Fahrtkosten oder Auslagen für ein Geschenk an die Befragungsperson berücksichtigt.

Bitte teilen sie uns spätestens am

<u>Dienstag, dem 01.03.1994</u>

mit, wieviele Zielpersonen Sie befragen könnten.

Senden Sie uns das Rückantwortformular nur dann zurück, wenn Sie wenigstens eine Frau ermitteln konnten. Die verauslagten Portokosten berechnen sie bitte mit dem nächsten Auftrag.

Für Ihre Mitarbeit bedanken wir uns bereits im voraus recht herzlich und verbleiben

mit freundlichen Grüßen
IFAK-INSTITUT
- Interviewer-Abteilung -

Anlagen

1 Rückantwortformular
1 Briefcouvert

Anlage 1

Keine Rede von der sehr zeitaufwendigen Suche nach einer Befragungsperson, die zur Auskunft bereit war, keine Rede von der schwierigen Kontaktaufnahme. Und wie steht es mit der Repräsentativität der Umfrage, wenn ich, wie von der IFAK vorgeschlagen, die zu befragenden Frauen nur aus meinem Verwandten- oder Bekanntenkreis rekrutiere? Nach 50 vergeblichen Anläufen, eine auskunftswillige Frau zu finden, habe ich jedenfalls die Suche nach Zielpersonen eingestellt.

Die Meinungsforschung und die Unternehmen, die sie vermarkten, haben in den letzten beiden Jahrzehnten einen geradezu kometenhaften Aufstieg erlebt und beeinflussen heute viele Bereiche des öffentlichen und privaten Lebens. Kein Produkt und keine Meinung sind mehr sicher vor der Fragenwut der Demoskopen und ihrer Auftraggeber, die von den Befragten eindeutige Stellungnahmen erwarten zu Äpfeln und Kondomen, zu Schokolade und Intimspray, zu ihren Einkommensverhältnissen und zu Parteien, zu ihrer Pubertät und Politikern und, und, und...

Eine Vielzahl von Unternehmen tummelt sich heute auf diesem lukrativen Markt. Sie beschäftigen ein Heer von freiberuflichen Interviewern. Was diese vor Ort erfragen und ermitteln und die Meinungsforschungsgesellschaften auswerten, bildet die Grundlage für millionenschwere Zukunftsinvestitionen und weitreichende politische Entscheidungen. Oder auch nicht: Mit Hilfe der Demoskopie können genausogut millionenschwere Zukunftsinvestitionen und politische Entscheidungen verhindert werden.

Doch wer eigentlich hinterfragt die Seriosität der erzielten Daten? Wer hinterfragt die Methoden, mit denen sie ermittelt wurden? Die Auswahl der Interviewten? Die Zusammenstellung der Fragebögen? Die Fragen selbst?

Kritik an den Meinungsforschungsgesellschaften und der Meinungsforschung rührt sich selten. Jeder scheint ihre Ergebnisse mehr oder weniger wohlwollend zur Kenntnis zu nehmen, und das vor allen Dingen dann, wenn sie im Fernsehen mit schönen bunten Computergraphiken in Form von Torten, Balken und Pfeilen präsentiert werden. Allenfalls Einzelergebnisse stoßen auf Widerspruch. Dabei geraten manchmal auch die Methoden ins Schußfeld der Kritiker, doch eine grundsätzliche Diskussion findet nicht statt. Sie aber wäre bitter nötig.

Allein die für April 1983 geplante große Volkszählung in der Bundesrepublik geriet ins Kreuzfeuer der Kritik einer breiteren Öffentlichkeit und wurde durch eine einstweilige Verfügung des Bundesverfassungsgerichtes in Karlsruhe ausgesetzt. Doch damals ging es primär um den Datenschutz und weniger um Fragen der Notwendigkeit einer Volkszählung. Und als das Problem des Datenschutzes Ende 1983 durch das Urteil des Bundesverfassungsgerichtes, das jedem Bürger das Recht zur »informationellen Selbstbestimmung« zusprach, aus dem Weg geräumt war, nahm auch die Volkszählung ihren Lauf.

Denn das Fragen hatte das Gericht nicht verboten. Und so fragen die Meinungsforschungsgesellschaften heute frohgemut weiter, ihrer Sammelwut sind keine Grenzen gesetzt. Wie zum Beispiel im April und Mai 1990: Da sollte ich für die »MARPLAN Forschungsgesellschaft« Offenbach eine Untersuchung durchführen, »bei der es um Markenartikel geht, aber vor allem um das Thema Geld und Geldinstitute«. Ein heikles Thema, denn wer offenbart einem Fremden schon bereitwillig seine Vermögensverhältnisse oder seine Sparformen? Genau die aber wollte Frage Nummer 38 des Bogens (vgl. Anlage 2) in allen Einzelheiten wissen. Doch damit nicht genug. Wo, bei welcher Bank man welche Sparmöglichkeiten nutze, wollte der Fragebogen auch noch wissen. Oder:

»Wenn Sie einmal alles zusammennehmen: Wieviel wird von Ihnen persönlich oder gemeinsam mit anderen Haushaltsmitgliedern pro Jahr so etwa gespart bzw. angelegt?«

Zu dieser Frage legte der Interviewer der Befragungsperson eine Liste mit Zahlen vor. Der Buchstabe »A« stand dabei für »keine Summe«, der Buchstabe »M« am Ende der Reihe für 500 000 Mark.

Der Befragte mußte sich jetzt in einer senkrechten Reihe zwischen zwölf Buchstaben, denen jeweils eine bestimmte Geldsumme zugeordnet war, entscheiden. Dieses Versteckspiel mit den Buchstaben war reine Augenwischerei, um dem Befragten die Anonymität seiner Angaben vorzugaukeln. Denn der Interviewer konnte sich im Anschluß, wenn er wollte, jederzeit über den Vermögensstand des Befragten informieren.

Häufig verlangen Fragebögen Auskunft über die Einkommensverhältnisse der Befragten. Bei dem Bogen zum Thema »Geld und Geldinstitute« offenbarte das Meinungsforschungsinstitut ausnahmsweise Gespür für die Realitäten vor Ort: Der Interviewer könne das »monatliche Haushaltsnettoeinkommen« wie das »monatliche Haushaltsbruttoeinkommen« auch schätzen, wenn ihm dazu die Auskunft verweigert wurde, erlaubte das Institut in den Anweisungen für den Bogen.

Was hatte der Befragte zuvor nicht alles beantworten sollen: Da ging es um die Verschuldung des Haushaltes in

INT.: | L I S T E 38 | ÜBERGEBEN

38. Hier auf dieser Liste stehen verschiedene Sparmöglichkeiten, bzw. Geldanlageformen. In welcher Form haben Sie persönlich oder gemeinsam mit anderen Haushaltsmitgliedern zur Zeit Geld angelegt? Sagen Sie es mir bitte anhand dieser Liste.

INT.: MEHRFACHNENNUNGEN MÖGLICH!

		zur Zeit Geld angelegt
	keine Geldanlage	52- Y
A	Normales Sparkonto/Sparbuch (bei Bank, Sparkasse oder Post) mit gesetzlicher Kündigung (d.h. ohne besondere Vereinbarungen zur Laufzeit)	1
B	Normales Sparkonto/Sparbuch (bei Bank, Sparkasse oder Post) mit vereinbarter Kündigungsfrist	2
C	Sparvertrag nach dem 936,-- DM-Gesetz (Vermögensbildungsgesetz; früher 624,-- DM-Gesetz)	3
D	Sparvertrag/Sparkonto mit regelmäßigen Einzahlungen und Prämie/Bonus nach 5 bis 7 Jahren Laufzeit (ohne Sparverträge nach dem 936,-- DM-Gesetz)	4
E	Sparplan mit Versicherungsschutz	5
F	Sparbrief/Sparkassenbrief	6
G	Bausparvertrag	7
H	Kapitallebensversicherung	8
I	Bankobligationen	9
J	Bundesschatzbriefe	0
K	Bundesobligationen, Bundesanleihen und andere inländische festverzinsliche Wertpapiere	X
L	Pfandbriefe/Kommunalobligationen	53- 1
M	Fremdwährungsanleihen	2
N	Termingeld-/Festgeldanlagen	3
O	Deutsche Aktien	4
P	Ausländische Aktien	5
Q	Belegschaftsaktien	6
R	Spezielle Wertpapierformen wie z.B. Optionsscheine/Optionsgeschäfte	7
S	Anteile an Investmentfonds, Anteile an Immobilienfonds (Zertifikate)	8
T	Eigengenutzte Immobilien, Grundbesitz	9
U	Nicht-eigengenutzte Immobilien, Grundbesitz	0
V	Unternehmensbeteiligung (ohne Aktien)/Geschäftsanteile an Firmen	X
W	Gold (Barren, Münzen, Konten, Zertifikate)	Y
X	Silber, Platin, andere Edelmetalle	54- 1
Y	Kunstgegenstände, Antiquitäten, wertvolle Teppiche, Gobelins, Porzellan, Schmuck (als Geldanlage)	2
Z	Andere Anlageformen	3

Anlage 2

Form von Krediten. Da gab es im Rahmen einer Frage 40 Aussagen, die auf einer vierstufigen Skala von »Trifft überhaupt nicht zu« bis »Trifft ganz genau zu« bewertet werden mußten. Aussagen wie:

»Ich leihe mir oft Geld, weil ich mit dem eigenen nicht auskomme.«

Oder:

»Es macht mir eigentlich wenig aus, Schulden zu haben.«

Oder:

»Ich habe nicht so viel Geld, um regelmäßig etwas davon zu sparen.«

Weiter ging es mit Fragen nach Zigarettenmarken und Jugendbuchverlagen, ob man seit 1987 aus Polen, der damaligen Sowjetunion, Rumänien oder der ehemaligen DDR in die Bundesrepublik umgezogen sei und welche Partei man bei der Bundestagswahl 1987 gewählt habe. Die vorletzte Frage (Nummer 73) zielte auf die derzeitige Situation des Befragten:

»Was meinen Sie, wie zufrieden sind Sie gegenwärtig, alles in allem, heute mit Ihrem Leben?«

Wer ist am Ende eines solchen Fragebogens, in dem die finanzielle Situation des Haushaltes akribisch analysiert wurde, noch in der Lage, eine derartige Frage unvoreingenommen zu beantworten? Das Meinungsbild, das auf diese Frage hin entsteht, ist beeinflußt, muß verzerrt sein. So werden aus Meinungsforschern Meinungsmacher.

Dabei ist das Problem nicht einmal neu: Schon Statistikstudenten im ersten Semester werden darauf hingewiesen. So schreibt Jürgen Friedrichs in seiner Standardeinführung »Methoden empirischer Sozialforschung« (9. Auflage, Opladen 1980, Seite 197):

»Fragen sind nicht isoliert zu betrachten, sondern in ihrer Abfolge. (...) Bei der Anordnung der Fragen kann leicht der Fehler auftreten, daß eine Frage auf die folgende(n) ausstrahlt. Dieser als ›Halo-Effekt‹ bezeichnete Prozeß bezieht sich auf die Beantwortung einer Frage nicht aufgrund ihres manifesten Inhalts, sondern ihrer Beziehung zum Inhalt der vorangegangenen. (...) So dürfte es sich nicht empfehlen, zunächst eine Frage nach der Todesstrafe zu stellen und anschließend zu fragen, ob und wie man Sexualdelikte bestrafen soll.«

Es ist gerade die Schnittstelle von Frage und Antwort, die Kommunikation zwischen Frager und Befragtem, die die Grundlage für jede empirische Sozialforschung bildet und die daher unverzichtbar für die Meinungsforschung ist. Doch die Schnittstelle reagiert außerordentlich sensibel auf Störungen, wie ich in meinem Meinungsmacher-Report anhand vieler praktischer Beispiele zeigen werde. Ein Problem, das die Meinungsforschungsinstitute bis heute in seiner Tragweite nicht erkannt zu haben scheinen.

Mit Massen von Fragebögen unter dem Arm schwärmen Tag für Tag, Woche für Woche Tausende von Interviewern im Auftrag der Meinungsforschung in die Bundesrepublik aus. Vor Ort knüpfen sie Kontakte, stellen Fragen, notieren Antworten. Was sie als Antworten in den Fragebögen markieren oder notieren, wird als Meinungsbild in den Computer gefüttert. Der Computer liest die ausgefüllten Fragebögen ab und rechnet dann auf der Grundlage der Daten hoch. Aus ihm kommt nur heraus, was man in ihn eingibt. Und das muß durch die direkte Kommunikation in Frage und Antwort erarbeitet werden.

Doch die Kommunikation zwischen Meinungsforschungsgesellschaften und den Befragten ist nachhaltig gestört, weil die Gesellschaften nicht bereit sind, in diese Kommunikation zu investieren: Ein Hauptfehler der Meinungsforschungsbranche ist, daß sie den Interviewten für ihre Kooperationsbereitschaft und Auskunftsfreudigkeit im Regelfall nichts bezahlen. Warum aber sollte jemand freiwillig eine Stunde und mehr seiner kostbaren Freizeit opfern, nur um die komplexen Strukturen eines umfangreichen Fragebogens zu studieren? Warum sollte er dann unentgeltlich den Fragebogen ausfüllen für ein Unternehmen, das sich von einem Auftraggeber dafür bezahlen läßt, daß es seine Meinung erforscht?

Seit 1975 arbeite ich als Interviewer in der Meinungsforschungsbranche. In den meisten Fragebögen, die ich in diesen 19 Jahren bearbeitet habe, wird die Kooperationsbereitschaft der Menschen entweder durch die Länge der Fragebögen oder durch die Intimität der Fragen überstrapaziert. Verständlich, daß viele Befragten sich zum Beispiel bei der Frage zu ihrem Einkommen oder zu ihren sexuellen Phantasien weigern zu kooperieren und die Kommunikation abbrechen. Wer wollte es ihnen verdenken?

Wie reagiert der Interviewer darauf? Welche Strategien entwickelt er im Laufe seines Berufslebens, um auch in derartigen Situationen die Kooperationsbereitschaft des Befragten aufrechtzuerhalten? Wie schafft er es mit einem vertretbaren Aufwand, an ausgefüllte Fragebögen zu kommen?

Wo und wen der Interviewer zu befragen hat, das schreiben die Meinungsforschungsinstitute ihm in der Mehrzahl der Aufträge vor. Das kann zum Beispiel bedeuten, daß er in einer Straße im »Hammelsprung-Verfahren« nur jeden dritten oder fünften Haushalt besuchen darf. Und in diesen Haushalten muß der Interviewer eine bestimmte Person befragen, die aus einer Zufallszahlenreihe ermittelt wird, dem sogenannten »Schwedenschlüssel«.

Dabei erhält jedes Haushaltsmitglied eine bestimmte Startnummer: Der Vater zum Beispiel ist immer die Nummer eins, der älteste Sohn die zwei, der zweitälteste Sohn die drei, die Mutter die fünf und die älteste Tochter die sechs. Leben in einem Haushalt nur Vater, Mutter und zwei Töchter, so werden sie also mit eins, fünf, sechs und sieben numeriert.

Parallel dazu gibt es für jeden Haushalt eine Zufallsfolge der Zahlen von eins bis acht, also zum Beispiel 4 – 5 – 3 – 8 – 2 – 1 – 6 – 7 (vgl. Anlage 3). Ausgehend von dieser zufälligen Zahlenreihe muß der Interviewer jetzt in einer Familie mit Vater (1), Mutter (5), ältestem Sohn (2), zweitältestem Sohn (3) und jüngstem Sohn (4) den jüngsten Sohn befragen, denn dessen »Ordnungszahl« taucht als erste in der Zufallszahlenreihe auf. Lautet die zufällige Zahlenreihe für eine Familie mit Vater (1), Mutter (5), ältester Tochter (6) und zweitältester Tochter (7): 2 – 8 – 6 – 1 – 5 – 4 – 7 – 3, so trifft es die älteste Tochter. Abweichungen von diesen Zufallszahlenreihen sind verboten.

Soweit die Vorgabe. Vor Ort aber läuft es immer anders als erwartet, sind die Vorschriften nie einzuhalten. Da trifft der Interviewer in dem Haushalt mit den beiden Töchtern zum Beispiel am Nachmittag nur die zweitälteste Tochter an. Sie hätte auch gerade für einige Fragen Zeit, doch der Interviewer darf sie nicht befragen. Befragen muß er laut »Schwedenschlüssel« die älteste Tochter, und die ist nicht da.

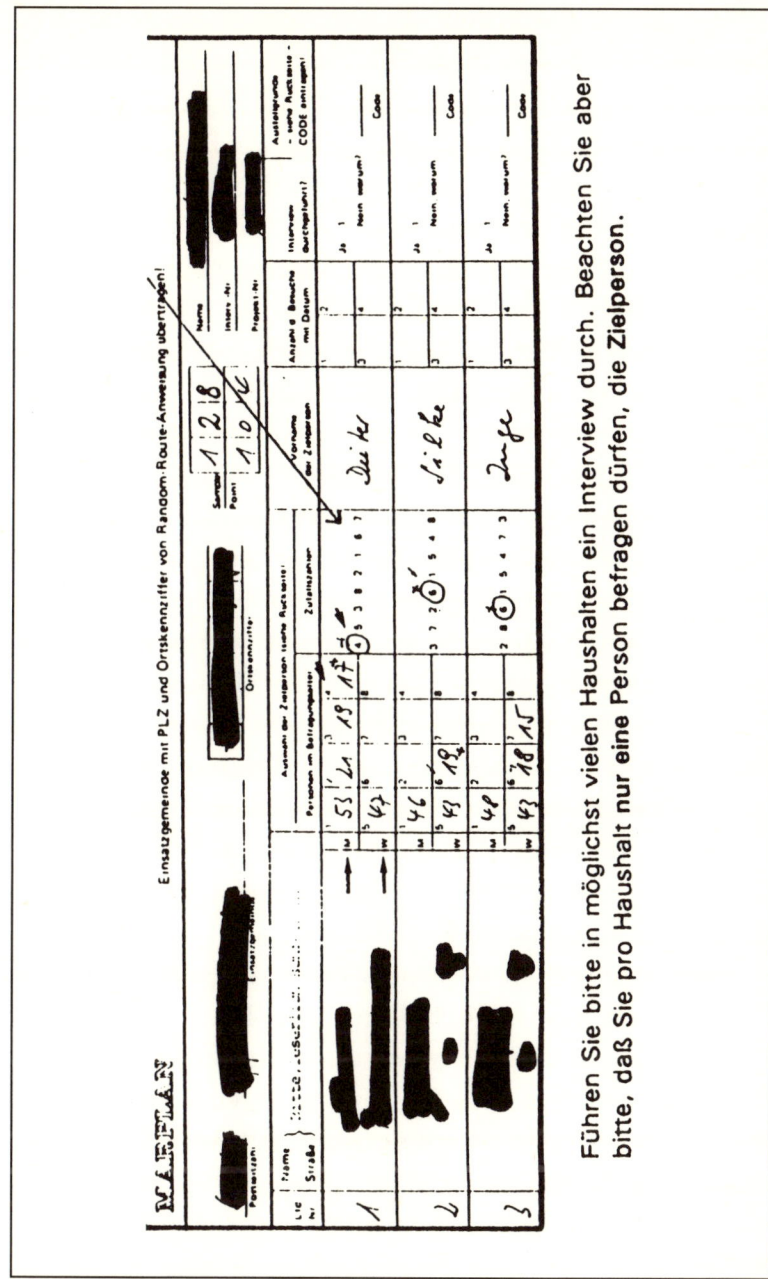

Führen Sie bitte in möglichst vielen Haushalten ein Interview durch. Beachten Sie aber bitte, daß Sie pro Haushalt nur eine Person befragen dürfen, die Zielperson.

Anlage 3

Der Interviewer zieht unverrichteter Dinge ab und kehrt am Abend wieder zu der Familie zurück. Jetzt aber kann es ihm passieren, daß die älteste Tochter das Interview ablehnt. Um dieses Risiko auszuschalten und darüber hinaus die Chance zum Interview mit der Tochter zu nutzen, streicht der Interviewer die älteste Tochter und macht so aus dem Vier-Personen-Haushalt einen Drei-Personen-Haushalt. Entscheidend ist für ihn, daß die zweitälteste Tochter dadurch laut »Schwedenschlüssel« an die Stelle ihrer Schwester rückt und er sie jetzt befragen darf.

Das »Unterschlagen« von Personen ist sehr variabel, so kann der Interviewer die zweitälteste Tochter auch zur alleinerziehenden Mutter befördern oder zur alleinlebenden Studentin. Die Kontrolleure in den Instituten sind kaum imstande, diese Abweichungen aufzudecken.

Eine andere Methode der Meinungsforschungsinstitute ist die »Random- Route«: Der Interviewer muß danach in einer bestimmten Straße ein bestimmtes Haus, zum Beispiel die Nummer drei, aufsuchen. Ausgehend von diesem Haus soll er, nach dem »Hammelsprung-Verfahren«, jede dritte Familie befragen. Als Ergebnis der Befragung erwartet die Meinungsforschungsgesellschaft dann zehn ausgefüllte Fragebögen.

Doch wie verhält der Interviewer sich, wenn die Meinungsforschungsgesellschaft ihm eine kurze Straße zugewiesen hat, die als Sackgasse an einem Friedhof endet? Da landet er schon nach fünf Befragungen auf dem Friedhof. Diese Umfrage ist mit der vorgegebenen Begehungsanweisung nicht zu erfüllen. Oder die Meinungsforschungsinstitute geben dem Interviewer eine bestimmte Straße vor, in der er nur Häuser mit ungeraden Hausnummern betreten darf. Oder die mit geraden Hausnummern.

Doch auch hier ist die Wirklichkeit meist anders als erwartet. In einem Viertel mit Reihenhäusern ist es zumindest kein Problem, innerhalb einer angemessenen Zeit die vorgeschriebene Anzahl Häuser mit ungeraden Hausnummern zu finden. Aber in einer Gegend mit großen Villengrundstücken oder schmucken Altbauten, bei denen etwa ein Abstand von 50 Metern zum Nachbarhaus besteht? Wer da zum Beispiel zehn Haushalte befragen muß, für den entwickelt sich diese Umfrage (auch der »Point« genannt) schnell zu einem 1000-Meter-Lauf. Doch die Annahme, daß man in allen zehn Haushalten jemanden antrifft und der auch sofort Auskunft gibt, ist weit jenseits der Wirklichkeit. Wenn dagegen nur erst jeder zweite Haushalt auskunftswillig ist (immer noch eine sehr optimistische Voraussetzung), hat man zum Schluß schon einen Marsch über einen Kilometer Länge hinter sich gebracht: finanziell und zeitlich unzumutbar.

Die Meinungsforschungsinstitute honorieren grundsätzlich nur vollständig ausgefüllte Fragebögen. Dabei beträgt das Honorar meist zwischen 5 und 30 Mark brutto. Zusätzlich erhält der Interviewer 40 Pfennig pro gefahrenem Kilometer. Die Kilometerpauschale gilt aber oft nur bis zu drei Anfahrten pro Umfrage. Für den Interviewer bedeutet das, daß er spätestens bei der vierten Anfahrt die Fahrtkosten nicht mehr vergütet bekommt. Bei anderen Studien sind die Unkosten bereits im Honorar für die Fragebögen enthalten.

Die Suche nach kooperationswilligen Partnern und die schwierige Kontaktaufnahme honorieren die Institute und Gesellschaften so gut wie nie. Denn die Suche ist immer sehr zeitaufwendig und arbeitsintensiv und damit natürlich auch sehr kostenintensiv. Um also die dabei anfallenden hohen Personalkosten zu sparen, wälzen die Institute die Arbeit auf die Interviewer ab.

Im Einführungsbrief der Studie über »die Beliebtheit bestimmter Fernsehprogramme in verschiedenen Fernsehstationen«, die die Gesellschaft »BasisResearch« mit Sitz in Frankfurt im März 1994 durchführte, liest sich das so:

»Leider war es uns in Ihrem Point (= Ihrer Umfrage) nicht möglich, vorab Kontaktadressen zu erheben. Daher erheben Sie bitte die Adressen selbst.«

Unter derartigen Voraussetzungen reduzierte sich das Honorar von 14 Mark, das BasisResearch für jeden ausgefüllten Fragebogen dieser Studie zahlte, schnell zu einem Stundenlohn von unter 8 Mark brutto.

In manchen Schwerpunktstudien sollen gezielt bestimmte Berufsgruppen befragt werden. Doch wie erkennt man einen Leitenden Angestellten? Und wo findet man ihn? Oder den Beamten des Höheren Dienstes im Gegensatz zum Beamten des Mittleren Dienstes? Wo Beamte der folgenden Besoldungsgruppen: B11–B3, R4–R1, C4–C2, A16 und A15? Wo den Käufer eines Neuwagens, wo den ehemaligen Patienten des Städtischen Krankenhauses?

»Ermitteln Sie bitte mögliche Gesprächspartner, die wir in Ihrem Gebiet benötigen«, hieß es in den Anschreiben zu den Bögen immer lapidar. Doch wen sollte man danach fragen? Solche personenbezogenen Daten sind schwer zu beschaffen, denn aus Datenschutzgründen dürfen sie weder das Krankenhaus noch das Autohaus weitergeben. Und wer glaubt denn ernsthaft, daß ein Landesamt für Besoldung dem Interviewer Heiner Dorroch bereitwillig Namen und Adresse eines Oberstudiendirektors

(A 16), eines Ministerialdirigenten (B 5), eines Professors auf Zeit (C 2) oder eines Richters am Oberlandesgericht (R 3) herausgibt, nur weil irgend jemand bei irgendeiner Meinungsforschungsgesellschaft eine Befragung dieser Personengruppen in Auftrag gegeben hat.

Welche Familie oder Person ist bereit, sieben Tage lang ein Kaugummi einer bestimmten Sorte zu kauen? Im Rahmen einer Studie zum Thema »Geschmackstest« mußte ich dafür Ende 1992 Testpersonen finden.

Alle Gesellschaften betonen, daß sie ihre Interviewer stichprobenartig kontrollieren (vgl. zum Beispiel Anlage 4). Zwischen 10 und 50 Prozent der Rückläufe werden überprüft. Bei unvollständig ausgefüllten Fragebögen oder wenn die Kontrollen nicht positiv verlaufen, drohen die Gesellschaften mit Honorarkürzungen.

Die Interviewertätigkeit war aber von 1975 bis 1994 mein Beruf. Ich bestritt davon den Lebensunterhalt für mich, meine Frau und meinen schwerstbehinderten Sohn. Um also Honorarkürzungen oder gar Honorarverweigerungen zu vermeiden, war es für mich von existentieller Wichtigkeit, die Adressen der Befragten stets abzusichern. Deshalb wies ich immer eindringlich am Ende einer Befragung auf Kontrollbriefe oder mögliche Kontrollanrufe hin.

Doch wer weiß nach Wochen noch, ob er fünf Minuten, eine Viertelstunde oder eine halbe Stunde befragt worden ist? Wer kann sich noch erinnern, um was es ging? Mit welchen didaktischen Methoden der Interviewer arbeitete, also ob er eine Anzahl von Kärtchen mit verschiedenen Produktnamen vorlegte, ob er fragte oder ob der Befragte den Bogen selbst ausfüllen mußte? Macht er sich, wenn er es nicht mehr so genau weiß, noch die

15. INTERVIEWERKONTROLLE

Die MARPLAN Forschungsgesellschaft ist ihren Auftraggebern gegenüber vertraglich und moralisch verpflichtet, bei einem Teil der Interviews Kontrollen durchzuführen, um sich das ordnungsgemäße Zustandekommen der Interviews von den Befragten bestätigen zu lassen.

Aus diesem Grunde benötigen wir von allen Befragten die volle Anschrift.

Der Anteil der kontrollierten Interviews liegt je nach Projekt zwischen 10% und 50% aller Interviews. In Einzelfällen kann es auch Vollkontrollen geben. Vertrauen ist gut, Kontrollen aber unumgänglich, wenn man eine hohe Qualität der Forschungsergebnisse garantieren und das Vertrauen der Kunden nicht verlieren möchte. Von den Bundesdatenschutzbehörden sind diese Kontrollen ausdrücklich erlaubt worden.

Am Ende des Interviews sollten Sie in Ihrem eigenen Interesse jeden Befragten darauf hinweisen, daß MARPLAN ihn möglicherweise noch einmal anschreibt oder anruft, um sich die korrekte Durchführung des Interviews von ihm bestätigen zu lassen.

```
Sehr geehrte(r) Befragte(r),

wir sind ein nach wissenschaftlichen Grundsätzen arbeitendes Institut für
Meinungsforschung. Zur Kontrolle unserer Arbeit bitten wir Sie, die nach-
stehenden Fragen - möglichst noch heute - zu beantworten. In den letzten 6 -
8 Wochen war es vorgesehen, jemanden aus Ihrem Haushalt zu befragen.

(Bitte kreuzen Sie die zutreffende Antwort an: [X] )

■ Hat in dieser Zeit ein Besuch eines Interviewers stattgefunden?

        Nein  [ ]    ──►   BITTE KARTE OHNE WEITERE ANGABE ABSENDEN
        Ja    [ ]    ──►   BITTE NOCH DIE FOLGENDEN FRAGEN BEANTWORTEN

■ Wo fand die Befragung statt?    An der Haustür/    in der Wohnung/
                                  im Stehen  [ ]    im Sitzen    [ ]
■ Wie lange dauerte die Befragung ungefähr?            ...... Minuten
■ Wurden Ihnen Karten mit Bildern und farbigen
  Schriftzügen von Fernsehsendern vorgelegt?         Ja [ ]      Nein [ ]
■ Wurde Ihnen ein Vorlageheft, in dem die Antwort-
  möglichkeiten enthalten waren, vorgelegt?          Ja [ ]      Nein [ ]

Wir bedanken uns für Ihre Mitarbeit und Ihr Verständnis und verbleiben
mit freundlichen Grüßen

              MARPLAN Forschungsgesellschaft mbH, Offenbach/Main
```

Anlage 4

Mühe, die Kontrollkarten überhaupt zurückzuschicken? Unter diesen Bedingungen kann die Rücklaufquote der Kontrollkarten nicht allzu groß sein.

Das gleiche Problem stellt sich bei Kontrollanrufen, auch wenn die Situation hier etwas anders ist: Der Angerufene kann sich nicht so leicht aus der Verantwortung stehlen, indem er den Brief einfach nicht zur Kenntnis nimmt und wegwirft. Jetzt ruft ein wildfremder Mensch an und verlangt Aufklärung: Er erinnert an eine Befragung durch einen anderen wildfremden Menschen und möchte Einzelheiten dieser Befragung wissen. Ehe man sich hier auf neue Abhängigkeiten einläßt – womöglich muß man wieder über eine Stunde lang einen Fragebogen beantworten –, streitet man im Zweifelsfalle lieber alles ab.

Ich habe selbst versuchsweise solche Kontrollanrufe durchgeführt, bei Leuten, von denen ich wußte, daß ich sie besucht und ausführlich befragt hatte. Das Ergebnis: Die meisten leugneten meinen Besuch, sie konnten oder sie wollten sich nicht daran erinnern. Doch die Meinungsforschungsinstitute scheren sich wenig um die Situation der Befragten. Sie werten fehlende oder unvollständige Bestätigungen immer zuungunsten des Interviewers.

Natürlich verzerrt so etwas die Umfrageergebnisse. Die Gesellschaften hätten mir mithin solche Fragebögen, die sie ja dann aussortieren müßten, nicht honorieren dürfen. Dennoch taten sie dies oft, wie ich an Beispielen zeigen werde.

Es ist die Summe all dessen – die Komplexität der Fragebögen, die Untauglichkeit der empirischen Methoden vor Ort, schlechte Bezahlung und mangelnde Anerkennung für die Arbeit der Interviewer –, die gewaltige Störungen für die sensible Kommunikation Frage-Antwort produziert und damit der Meinungsforschung immens schadet. Denn Störungen in dieser Kommunikation beenden oft schlagartig die Kooperationsbereitschaft des Befragten und führen zum Abbruch des Gesprächs. Der Interviewer hat Zeit investiert und Unkosten gehabt, steht aber ohne ausgefüllten Fragebogen und damit ohne Honorar da.

Deshalb versucht jeder Interviewer, den Abbruch der Kommunikation zu vermeiden. Fast alle professionellen Interviewer, die ich im Laufe meines 19jährigen Berufslebens kennengelernt habe, reduzieren dazu den komplexen und umfangreichen Fragebogen auf wenige Kernfragen. Diese werden durchgegangen. Anschließend wird die Zielperson, der Befragte, noch eindringlich auf die mögliche Kontrolle hingewiesen. Verkürzt kontakten und Adresse sichern – dies ist die Grundregel der professionellen Interviewer.

Die demographischen Merkmale, also die persönlichen Daten der befragten Person, schätzen sie ab – durchaus mit Billigung des Meinungsforschungsinstitutes. Den Rest füllen sie am heimischen Schreibtisch aus. Und zwar so, daß das Ergebnis die Erwartungen des Auftraggebers bestätigt.

Daneben weicht der Interviewer in einem Fragebogen gerne auf sogenannte »Filter« aus. Dabei handelt es sich um Codezeichen oder -zahlen, die auf Zusatzfragen oder andere Themen verweisen oder Fragen einleiten, die nur eine bestimmte Personengruppe beantworten muß. Zwar können Raucher und Nichtraucher gleichermaßen nach Zigarettenmarken gefragt werden oder danach, welche Zigarettenwerbung ihnen am besten im Gedächtnis haftengeblieben ist. Aber allein der Raucher kann zu seinen Rauchgewohnheiten und seiner bevorzugten Zigarettensorte Auskunft geben. Beim Nichtraucher überspringt der Interviewer jene Fragen. Mit solchen Filterführungen spart er viel Zeit und befördert auf diese Weise zum Beispiel so manchen Raucher zum Nichtraucher.

Zusätzlich führt jeder Interviewer ein »Personalbuch«, in dem er alle diejenigen auflistet, die ihm gerne und bereitwillig antworten. Diese »Gefälligkeitsantworter« sind immer dann besonders hilfreich, wenn Quoteninterviews verlangt werden.

Bei Quoteninterviews muß der Interviewer keine bestimmte Straße entlanglaufen oder bestimmte Hausnummern aufsuchen. Vielmehr entwirft das Meinungsforschungsinstitut ein bestimmtes Anforderungsprofil desjenigen, der befragt werden soll, also zum Beispiel Alter, Geschlecht, Beruf usw. Die Auswahl der Personen bleibt dem Interviewer überlassen. Und der biegt das Profil der Befragten dann so lange hin, bis es paßt.

Bei nichts kann man so unbekümmert mogeln wie beim Quotenverfahren. Kommt der Interviewer mit seinem »Personalbuch« nicht aus, so geht er in das nächstbeste Hochhaus, wo er seine Quote dann erfüllt.

Aber auch bei methodischen Verfahren, die nach dem Zufälligkeitsprinzip arbeiten (jeder dritte Haushalt oder jeder neunte Haushalt ist zu befragen), ist das »Personalbuch« hilfreich, lassen sich doch auch hier die »Gefälligkeitsantworter« in die vorgeschriebene Route einbauen.

Die Meinungsforschungsinstitute kennen diese Methoden und Strategien ihrer professionellen Interviewer. Schließlich kontrollieren sie die Interviewer. Da fällt auf, wenn statt einer kalkulierten Befragungszeit von 45 bis

60 Minuten das Interview auf wenige Kernfragen reduziert wird. Die Gesellschaften akzeptieren das, denn sie sind auf das reibungslose Funktionieren ihrer Profis angewiesen in Anbetracht der Unmenge an Fragebögen, die sie Woche für Woche produzieren. Und in Anbetracht der kurzen Fristen, die sie zur Beantwortung der Bögen einräumen. Mit ihren Teilzeitkräften könnten sie diese Papierflut niemals bewältigen. Und vielleicht bestätigen wenigstens zwei Zielpersonen längere Befragungszeiten: Da schälen sich dann zwei Stundeninterviews heraus, wo der Rest aus Drei-Minuten-Kontakten besteht.

Wer diese Branchenpraxis kennt, der verliert den Glauben an die Objektivität der Ergebnisse aus Meinungsumfragen. Vielleicht trägt dieses Buch mit dazu bei, daß eine kritische Diskussion über die Methoden und damit die Ergebnisse der Meinungsforschung einsetzt. Und hoffentlich bringt es eine kritische Reflexion über den Stellenwert der Meinungsforschung in unserer Demokratie in Gang.

2. Meine Karriere als Interviewer
oder Aller Anfang ist schwer

Ich stieß 1975 im Alter von 44 Jahren zur Meinungsforschung. Meine Firma hatte Konkurs angemeldet und ihre Angestellten entlassen. Der 44jährige Bürokaufmann Heiner Dorroch galt bereits als zu alt und war deshalb schwer vermittelbar. Mit Zeit- und Werkverträgen mußte ich mich zufriedengeben.

Zufällig las ich in dieser Zeit eine Reportage über Markt- und Meinungsforschung. Der Autor beschrieb darin einstündige Interviews als eine leichte Plauderei in angenehmer Atmosphäre. Kompetente Interviewer, rhetorisch und in der Gesprächsführung trainiert, befragten freundliche und offene fremde Menschen zu Produkten und Meinungen.

Auch von der Freude klang etwas an, täglich mit vielen unterschiedlichen Charakteren und Menschentypen umzugehen und ihre Ansichten zu erforschen. Und von dem gesellschaftlichen Nutzen, den die Markt- und Meinungsforschung erwirtschafte: Allein sie könne die zunehmend komplexer werdende Welt in ihrer Wirklichkeit erfassen, hieß es. Nur mit Hilfe der Demoskopie könne der Mensch die Welt noch verstehen.

Fast zur gleichen Zeit lag damals bei uns zu Hause ein Produkttest auf dem Tisch. Meine Frau hatte ihn angefordert, hoffte sie doch, als kleines Dankeschön ein paar Pfund Kaffee geschenkt zu bekommen.

Ein Ehepaar, das für das Marktforschungsinstitut die Produktbefragung durchführte, lud uns zu sich ein. Von diesem Zeitpunkt begleiteten die beiden meinen Weg als Interviewer. Besonders der Ehemann wurde zunächst zum Ratgeber, später zum Weggefährten und Freund.

Der Produkttest war langweilig. Zwei Stunden lang tranken wir verschiedene Kaffeesorten, so wie es die Richtlinien vorsahen: mal schwarz, mal mit Zucker, mal mit Milch, mal mit Milch und Zucker. Anschließend sollte jede Testperson noch Zusatzbögen ausfüllen.

Schon bei dieser ersten Begegnung mit der Markt- und Meinungsforschung lernte ich, wie man Fragebögen plausibel ausmalt. Die Nachbefragung sei eine unzumutbare Prozedur, erklärte der Ehemann unumwunden. »60 Fragen müssen die Testpersonen beantworten«, erläuterte er. Doch das scheitere an den Realitäten: »Die Leute schmieren die Bögen einfach so hin, und das kann man dann nicht auswerten.« Also müsse er die Bögen sowieso zu Hause überarbeiten, »logisch und plausibel«.

Wie er das machte? »Ich stelle nur drei Kernfragen und tauche dann weg. Hauptsache, die Bögen sind sauber und plausibel ausgemalt.« Dabei waren 60 Fragen noch relativ wenig. Mittlere Bögen kommen auf 200 bis 300 Fragen, große auf bis zu 500.

Der Produkttest war mein Einstieg in die Markt- und Meinungsforschung, wobei ich zunächst als Co-Interviewer für meinen späteren Weggefährten und seine Kollegen arbeitete: Er gehörte zu einer Gruppe von vier professionellen Interviewern. Sie alle waren mit Fragebögen und Arbeit überlastet und daher dankbar für jede Hilfe.

Fortan lief ich durch die Straßen, in die Häuser, treppauf, treppab. Ich hielt mich streng an die Begehungsvorschriften. Doch schnell kam die Ernüchterung: Die Begehungsvorschriften waren nicht praktikabel, Kontakte und Befragungen kamen nicht zustande.

Mit der Ernüchterung kamen die Selbstzweifel: Was machte ich falsch? Wo lagen meine Fehler? War ich als Interviewer ungeeignet? Ging ich falsch auf die Menschen zu? War ich nicht freundlich genug? War ich zu ungeduldig?

Auch finanziell lohnte sich das Ganze nicht: Es gab Acht-Stunden-Tage, da brachte ich gerade mal zwei, drei ausgefüllte Bögen mit nach Hause.

In dieser Zeit half mir die Gruppe, wie sie mir die nächsten 19 Jahre immer helfen sollte: Die professionellen Interviewer bauten mich auf, sie machten mir Mut, sie zeigten mir ihre Tricks. Denn sie kannten diese Selbstzweifel, hatten sie doch in der Vergangenheit ähnliche Erfahrungen gesammelt. In meiner gesamten Berufszeit habe ich immer in der Gruppe gearbeitet: Gut 60 Prozent aller Aufträge erledigten wir gemeinsam. Die Interviewer sind auf diese Gemeinschaft der Kollegen und Freunde angewiesen, denn die Gesellschaften lassen ihre Interviewer mit deren Problemen allein. Ihnen kommt es nur darauf an, daß die Umfrage läuft. Und ansonsten begnügen sie sich mit einem standardisierten Brief für Anfänger, der bei MARPLAN zum Beispiel so endet:

»Durch die Schulungsinterviews haben Sie die Technik des Interviewens kennengelernt und die ersten Interviews mit fremden Menschen durchgeführt. Sicherlich wird die Kontaktaufnahme mit den Haushalten und die Auswahl der Zielperson im Haushalt für Sie zunächst der schwierigste Teil sein. Lassen Sie sich nicht entmutigen, falls Sie gleich zu Anfang mehrere

Verweigerungen haben sollten. Wenn es auch anfangs nicht leichtfällt, nehmen Sie die Absagen nicht persönlich.«

Die Schulung, die MARPLAN hier erwähnt, bestand aus drei Probeinterviews. Ich hatte sie völlig auf mich alleine gestellt erledigt und dann eingeschickt – ohne die Hilfe oder Begleitung eines qualifizierten Beraters aus dem Institut.

Nach meinem Eindruck schicken die Gesellschaften jeden ins Feld, ohne überhaupt zu prüfen, ob er ihrem Anforderungsprofil entspricht. Der Interviewer solle sportlich, kontaktfreudig und überdurchschnittlich gebildet sein, fordern sie da etwa. Ich habe eine Hörbeeinträchtigung von 30 Prozent. Bin ich damit für die Interviewertätigkeit geeignet? Es ist nie geprüft worden. Wie die Gesellschaften auch nie die Qualifikation anderer Gruppenmitglieder geprüft haben.

Zunächst aber arbeitete ich nur als Co-Interviewer für die Gruppe. Eine Praxis, die die Gesellschaften nicht nur kennen und tolerieren, sondern die sie manchmal sogar fördern. So heißt es in Begleitbriefen zu Umfragen:

»Sie können gerne noch einen Bekannten mitnehmen. Wir sind in diesem Raum schwach besetzt.«

Schließlich jedoch bewarb ich mich im Sommer 1975. Der Arbeitsaufwand als Co-Interviewer war mir zu groß, denn ich war immer bemüht, mich gut abzusichern. Und das bedeutete in der Praxis mehr Laufarbeit, mehr Kontakte und mehr Fragen je kontakteter Zielperson.

Denn als Co-Interviewer arbeitete ich im Namen der anderen, sie trugen das Risiko bei den Kontrollen. Es wäre mir sehr unangenehm gewesen, wenn sie aufgrund meiner Arbeitsweise in Schwierigkeiten geraten wären.

Denn sie waren ohnehin überlastet. Jeder von ihnen arbeitete parallel für mehrere Gesellschaften. Auch das ist gängige Praxis in der Meinungsforschungsbranche.

Jeder Interviewer trägt immer mehrere Bögen bei sich. Er muß die Chancen nutzen, die sich ihm bieten. Und so werden oft mehrere Bögen unterschiedlicher Gesellschaften abgefragt. Ein Verfahren übrigens, wie es auch die Gesellschaften handhaben: So gibt es umfangreiche Studien, an denen sich mehrere Auftraggeber beteiligen. Und je mehr Auftraggeber sich an den Fragebögen beteiligen, desto umfangreicher und vielfältiger werden sie. Oft behandeln diese Bögen 10 bis 20 völlig unterschiedliche Themenkomplexe.

Gesellschaften und Interviewer sprechen hier von »Omnibussen«. Doch solche Fragebögen sind vor Ort nicht umsetzbar. Die bunt zusammengewürfelten Themen haben keinen logischen Zusammenhang, sie sind für den Interviewer mithin nur schwer vermittelbar. Das bedeutet, er muß erhebliche Überredungskünste aufbieten. Das kostet Zeit, und damit verschlechtert sich nicht nur sein Verdienst, sondern es platzen womöglich auch die folgenden vereinbarten Termine. Der professionelle Interviewer beschränkt sich daher bei solchen »Omnibussen« auf zwei, höchstens drei Themen.

Im Sommer 1975 begann meine Karriere als freiberuflicher Interviewer für verschiedene namhafte, größere und kleinere Meinungsforschungsinstitute. Eine Karriere, die bis in diese Tage, wo ich den Meinungsmacher-Report schreibe, dauert. Noch heute stapeln sich bei mir zu Hause dicke Pakete mit umfangreichen Fragebögen.

Meine Karriere als freiberuflicher Interviewer hatte Höhen und Tiefen. Man war schnell engagiert, und man wurde ebenso schnell wieder entlassen. Als Freiberufler habe ich keinen Kündigungsschutz, alles unterlag der Willkür der Kontrolleure und Projektleiter der Gesellschaften.

Jahrelang durchliefen meine ausgefüllten Fragebögen unbeanstandet die Kontrollen. Plötzlich aber wurde eine Umfrage kritisiert und der Interviewer entlassen. Dabei habe ich meine Arbeitsweise nie geändert: Kernfragen stellen und den Kontakt sichern, das war und ist bis heute meine Grundregel.

Meistens bewarb ich mich einige Zeit nach meiner Entlassung wieder bei derselben Gesellschaft – unter einem Pseudonym, wobei ich zum Beispiel auch den Mädchennamen meiner Frau verwendete. Die Gesellschaften waren immer erfreut, einen so fähigen Mitarbeiter nach so kurzer Einarbeitungszeit engagieren zu können.

Meine Karriere als Interviewer umfaßt in alphabetischer Reihenfolge die folgenden Meinungsforschungsinstitute:

1. *BasisResearch*, Frankfurt
Einstieg im April 1989 unter dem weiblichen Pseudonym Helga Wachtel. Bis heute ungekündigt.

2. *EMNID*, Institut für Markt-, Meinungs- und Sozialforschung, Bielefeld.
Erster Einstieg im Sommer 1975 unter dem Namen Heiner Dorroch, freiwilliger Ausstieg nach dem zweiten Auftrag.
Im Mai 1978 zweiter Einstieg unter dem bürgerlichen Namen meiner Frau, Marianne Dorroch. Freiwilliger Ausstieg im Herbst 1980.

Im April 1986 Wiedereinstieg, erneut unter dem bürgerlichen Namen meiner Frau, Marianne Dorroch. Kündigung im Januar 1990.

Im Februar 1989 zusätzlicher Einstieg unter dem weiblichen Pseudonym Helga Wachtel. Kündigung im Januar 1990.

Im Januar 1993 Einstieg unter dem männlichen Pseudonym Lars Wanter. Dieses Pseudonym benutzten auch andere Mitglieder meiner Interviewergruppe. Kündigung im September 1993.

Im Februar 1993 zusätzlicher Einstieg unter dem Namen Heiner Dorrock (mit »k« am Ende). Kündigung im November 1993.

3. *IFAK*, Markt- und Sozialforschung, Taunusstein
Im Oktober 1976 Einstieg unter meinem Namen Heiner Dorroch. Freiwilliger Ausstieg im März 1994.

Im April 1982 zusätzlicher Einstieg unter dem bürgerlichen Namen meiner Frau, Marianne Dorroch. Kündigung im Mai 1993.

4. *INFAS*, Institut für angewandte Sozialwissenschaft, Bonn-Bad Godesberg
Im Juni 1976 Einstieg unter meinem Namen Heiner Dorroch. Freiwilliger Ausstieg im Sommer 1980.

Im März 1980 zweiter Einstieg unter dem bürgerlichen Namen meiner Frau, Marianne Dorroch. Freiwilliger Ausstieg Januar 1982.

5. *GfK*, Data Services, Nürnberg
April 1976 erster Einstieg unter meinem bürgerlichen Namen Heiner Dorroch. Kündigung August 1978.

Juli 1980 zweiter Einstieg unter dem männlichen Pseudonym Pär von Reth. Kündigung August 1986.
Im November 1989 dritter Einstieg unter dem weiblichen Pseudonym Angelika Schmidt. Bis heute ungekündigt.

6. *GFM*, Gesellschaft für Marktforschung, Hamburg, fusionierte im Frühjahr 1987 mit *Getas* zur *GFM-Getas*, Gesellschaft für Marketing-, Kommunikations- und Sozialforschung, Hamburg
September 1975 Einstieg unter meinem bürgerlichen Namen Heiner Dorroch. Kündigung März 1989.
Mai 1979 zusätzlicher Einstieg unter dem bürgerlichen Namen meiner Frau, Marianne Dorroch. Kündigung März 1989.
Dezember 1992 Einstieg unter dem weiblichen Pseudonym Angelika Schmidt. Im Juni 1994 noch immer Mitglied im Stab.

7. *MARPLAN*, Forschungsgesellschaft, Offenbach
Im Sommer 1976 erster Einstieg unter meinem bürgerlichen Namen Heiner Dorroch. Kündigung Juli 1978.
Im November 1980 zweiter Einstieg unter dem männlichen Pseudonym Pär von Reth. Kündigung im Januar 1987.
Juli 1987 dritter Einstieg unter dem Mädchennamen meiner Frau, Marianne Wachtel. Kündigung im Dezember 1992.
Januar 1993 vierter Einstieg unter dem männlichen Pseudonym Lars Wanter. Kündigung Februar 1994.

Bleibt noch zu erwähnen, daß meine Frau niemals ein Interview für eines der Marktforschungsinstitute durchgeführt hat. Sie hat auch keine Kontakte hergestellt oder Termine vereinbart. Sie lieh mir ihren Namen, und ich führte alle Aufträge aus, die ihr zugeschickt wurden.

Daß ein Mann die Aufträge erledigte, die an Marianne Dorroch gingen, und daß ein Mann die Interviews führte, mußten die Gesellschaften bei den Kontrollen erfahren. Dennoch kündigten sie der Interviewerin lange nicht, sondern behielten sie in ihrem Stab. Als ich das bemerkte und deshalb davon ausgehen konnte, daß die Gesellschaften den Schwindel tolerierten, verstellte ich teilweise auch meine Handschrift nicht mehr.

Einmal im Jahr verteilen die Institute Fragebögen, die sich an ihre Interviewer richten. Warum man als Interviewer arbeite, wollen sie da wissen und geben als Antwort vor:

»Eine Tätigkeit ausüben, die Spaß macht.
Interessante Leute kennenlernen.
Einen zusätzlichen Verdienst suchen.
Die Freizeit sinnvoll nutzen.«

Daneben soll der Interviewer sich auch zur Honorierung oder zur Qualität der Fragebögen äußern. Trotz aller Kritik hat sich aber weder an der Honorierung noch an der Qualität der Fragebögen bis heute etwas geändert. Im Gegenteil: Die Fragebögen werden immer komplizierter, immer dicker, und sie nehmen immer mehr Zeit in Anspruch.

Was Wunder, daß die Interviewer das Ausfüllen der internen Befragungen als lästige Pflichtübung betrachten und die Reformwilligkeit und -fähigkeit der Gesellschaften bestreiten.

Für welche Konkurrenzunternehmen der Interviewer arbeitet, möchten die Gesellschaften immer gerne wissen. In meinen 19 Berufsjahren bin ich keinem begegnet, der diese Frage wahrheitsgemäß beantwortet hätte. Dahinter steht das Mißtrauen den Gesellschaften gegenüber. Ein Mißtrauen, das sich in den jahrelangen Auseinandersetzungen mit den Zentralen entwickelt hat. Eine schlechte Grundlage für eine fruchtbare und vertrauensvolle Zusammenarbeit zwischen den Gesellschaften und ihren Interviewern. Und die hätte die Meinungsforschung so bitter nötig.

3. GfK
oder Wie die Marktforschung betrogen werden will

Im April 1976 bewarb ich mich unter meinem bürgerlichen Namen Heiner Dorroch bei der GfK-Marktforschung in Nürnberg. Die Gfk-Gruppe ist »mit mehr als 200 Millionen Mark Jahresumsatz das größte Marktforschungsinstitut in der Bundesrepublik Deutschland«. So stellte sich das Institut im Oktober 1993 bei einer Umfrage zum Thema »Familien in Deutschland« vor.

Auf meine Bewerbung hin schickte mir die GfK eine Broschüre mit dem Titel: »Fragen ist unser Beruf« sowie einen Personalbogen. Ich füllte ihn aus, heftete zwei Paßbilder daran und schickte das Ganze zusammen mit drei Probeinterviews nach Nürnberg zurück.

Diese drei Probeinterviews zum Thema »Freizeit« hatte ich wenige Monate zuvor als Co-Interviewer für die Gruppe bearbeitet. Die Fragebögen zu dem Thema enthielten zwar nur 31 Hauptfragen, aber sie waren in Anhangfragen weiter unterteilt. Einige Rubriken waren abgestuft, oft bis zu zwölfmal, so daß der Interviewer viel nachfragen mußte. Da kam man schnell auf 100 Fragen, wenn man die Filter nicht übersprang.

Doch ich lernte schnell, und bald war ich fest im Interviewerstab etabliert. Das honorierte auch die GfK, indem sie mich regelmäßig mit zahlreichen Studien für Industrie, Handel und Forschung eindeckte. In manchen Wochen saß ich nur am Schreibtisch, malte Fragebögen aus und sicherte meine Quoten bei Bekannten ab. Denn meine Freunde ermahnten mich immer eindringlich, das Absichern nicht zu vergessen.

Aber die Anschriften von Bekannten konnte ich nicht immer verwenden, das wäre aufgefallen. Außerdem bekam ich bald Dutzende, ja Hunderte von Fragebögen zugestellt.

Also ging ich wieder hinaus, knüpfte Kontakte und reduzierte die Fragebögen auf wenige knappe Kernfragen. Und ich erinnerte immer eindringlich an mögliche Briefe oder Anrufe der Meinungsforschungsgesellschaften, um mich zu kontrollieren.

Die GfK jedenfalls kontrollierte. Das bestätigten mir Kontaktpersonen, wenn ich bei ihnen nachforschte, ob sie überprüft worden seien. Dabei mußte die GfK erfahren, daß es sich bei meinen Kontakten zumeist um Kurzkontakte handelte. Denn die Interviews, die auf 45 bis 60 Minuten Befragungszeit kalkuliert waren, erledigte ich schematisch in wenigen Minuten. Gemessen an der Ankündigung, wie intensiv sie kontrollieren würden, hätte die GfK mich bereits nach vier Wochen aus ihrem Interviewerstab entlassen müssen. Doch sie ließ mich gewähren. Sie kritisierte auch nicht meine abgegebenen Fragebögen, folglich war sie mit meiner Arbeit zufrieden.

Im Herbst 1977 arbeitete ich an der großen Studie »Frau und Beruf« mit. Sie umfaßte insgesamt 12.000 Fragebögen. Es sollten Frauen zwischen 15 und 60 Jahren befragt werden, berufstätige, aus dem Beruf ausgeschiedene, arbeitslose Frauen.

Der Bogen war kurz, sofern die Befragte nie ihre Stelle gewechselt hatte. Dann dauerte das Interview ungefähr eine halbe Stunde. Hatte sie nur einmal in ihrem Beruf gewechselt, so mußten mehr Fragen gestellt werden, und die Befragungszeit erhöhte sich um etwa sechs Minuten. Je öfter die Frau ihre Arbeitsstelle gewechselt hatte, desto umfangreicher wurde für den Interviewer der Katalog der Fragen. Bei fünf beruflichen Wechseln war man dann in etwa schon bei einer Stunde Befragungszeit. Das Honorar aber stieg nicht proportional zum Befragungsaufwand. 7,50 Mark bezahlte die GfK für jeden ausgefüllten Fragebogen. Bei einer Interviewdauer von einer halben Stunde vielleicht noch akzeptabel, bei einer Stunde sicherlich nicht.

Und auch die aufwendige Suche nach Kontaktpersonen und die schwierige Kontaktanbahnung honorierte die GfK nicht. In all meinen Berufsjahren als Interviewer aber haben mich diese Tätigkeiten immer mehr Zeit gekostet als die eigentlichen Interviews.

Woher sollte man die Adressen ehemaliger berufstätiger Frauen bekommen? Hier zeigt sich, wie weltfremd die Anregungen der GfK manchmal sein konnten, denn die Zentrale schlug allen Ernstes vor, die Interviewer sollten doch in den Personalbüros der Unternehmen um Namen und Adressen ehemaliger Mitarbeiterinnen bitten. Doch kein Personalchef würde solche Daten herausgeben, denn damit macht er sich strafbar: Die Datenschutzgesetze verbieten, personenbezogene Angaben von Angestellten – und dazu gehören Namen und Adressen natürlich – weiterzugeben.

Aus diesen Gründen löste die Umfrage »Frau und Beruf« unter den Interviewern der GfK erhebliche Unruhe aus. Doch das Unternehmen reagierte nicht auf die Kritik, vielmehr setzte es den Stab unter Druck, denn der Abgabetermin nahte.

Ich hatte von Anfang an nur vorinformierte Frauen befragt, die mir wunschgemäß das bestätigten, was ich ihnen aufgetragen hatte. Doch das reichte bei der großen Menge an Fragebögen bei weitem nicht aus. Also lief ich auch von Haustür zu Haustür, fragte kurz an und ging nach fünf Minuten wieder. Die GfK nahm es hin.

Wochenlang waren wir mit dieser Umfrage beschäftigt, wanderten die Fragebögen über unsere Schreibtische. Ich war mittlerweile dazu übergegangen, Frauen, die ich vor vier Wochen schon einmal befragt hatte, wieder in den Corpus aufzunehmen. Nur veränderte ich diesmal die berufsspezifischen Merkmale. So war es zum Beispiel sehr schwierig, eine auskunftswillige Krankenschwester zu finden. Also nahm ich zu Hause am Schreibtisch eine 40jährige Kassiererin, die ich vor Wochen schon kurz befragt hatte, machte sie zehn Jahre jünger und beförderte sie zur Krankenschwester. Hauptsache, die Quotenliste stimmte.

Auch das nahm die GfK hin. Wenn ich manchmal telefonisch nachforschte, ob kontrolliert worden sei, bestätigten mir die Frauen das. Die Kontrolleure hatten verschiedene Frauen sogar mehrmals angeschrieben. Dabei mußten die Mehrfachinterviews auffallen. Hier wäre Kritik, Honorarverweigerung und vielleicht sogar die Kündigung nachvollziehbar und angemessen gewesen. Doch nichts geschah, die GfK beschäftigte mich weiter als Interviewer.

Es sollten noch viele weitere Studien folgen, große und kleine, auch schwierige Themen, die kaum abfragbar waren: persönliche Einkommensverhältnisse, Kredite und Banken. Die Qualitätssicherungskontrolleure prüften diese Bögen akribisch. Die Erhebungen vor Ort waren miserabel gelaufen, es gab viele Interviewverweigerungen. Das mußten auch die Kontrollen bei den Befragten ergeben haben. Doch meine Fragebögen wurden nicht beanstandet.

Erst das Thema »Restaurantketten« führte im August 1978 bei der GfK zu meiner ersten Kündigung. Die amerikanische Schnellimbißkette »McDonald's« hatte die Umfrage in Auftrag gegeben. In dem erfreulich kurzen Fragebogen ging es um das Ansehen und das Angebot von »McDonald's«.

Für diese Schwerpunktbefragung wies mir die GfK ein bestimmtes Gebiet im Großraum Bochum zu. Welche Straßen ich dort entlangging, konnte ich mir aussuchen. Ich stellte also meine Fragen und notierte die Antworten. Die amerikanische Schnellimbißkette war damals noch nicht so bekannt wie heute. Viele meiner Befragungspersonen kannten »McDonald's« nicht und wußten auch nicht, was es dort zu essen gab. Die, die »McDonald's« kannten, äußerten sich in der Mehrheit negativ.

Meine Umfrageergebnisse gingen an den Auftraggeber »McDonald's«. Der zeigte sich verständlicherweise sehr unzufrieden mit meinen ausgewerteten Bögen. Doch anstatt sich selbstkritisch zu fragen, ob »McDonald's« nicht ein Imageproblem hat, zweifelten sie meine Ergebnisse an, weil sie »niemals den Tatsachen entsprechen würden« (vgl. Anlage 5).

Daraufhin führte die GfK bei meiner Umfrage eine Totalkontrolle durch mit dem Ergebnis, daß einige der von mir genannten Personen überhaupt nicht befragt worden seien, andere nicht so geantwortet hätten, wie es in meinem Fragebogen notiert worden sei. Konsequenz:

»Aufgrund dieser Tatsache werden wir uns ab sofort von Ihnen trennen.«

Gesellschaft für
Konsum-, Markt- und
Absatzforschung e.V.

D-8500 Nürnberg
Telefon
Telex

gfk

Herrn
Heinrich Dorroch

Bochum-Wattenscheid

Nürnberg, den 8.8.1978

Betr.: Erhebung 415 112 "Restaurantketten"

Sehr geehrter Herr Dorroch,

nach Durchführung obigen Auftrages, an dem auch Sie beteiligt waren, lieferten wir das Ergebnis in den verschiedensten Auswertungen an den Auftraggeber ab.

Der Auftraggeber zeigte sich mit den Ergebnissen aller übrigen Städte sehr zufrieden, lediglich Bochum wurde verworfen, weil die Ergebnisse niemals den Tatsachen entsprechen würden. Wir haben daraufhin eine Totalkontrolle durchgeführt und mußten dabei feststellen, daß die Zielpersonen in einigen Fällen angaben, daß sie nicht befragt wurden, z.B.
Andere wiederum gaben nicht die Antwort die im Fragebogen notiert wurde, z.B. das es sich um ein Geschäft -Mc Donald- für französische Spezialitäten oder rein italienische Küche oder um ein Steakhaus handelt.

Aufgrund dieser Tatsache werden wir uns ab sofort von Ihnen trennen. Wir behalten uns vor Sie für den gesamten Schaden haftbar zu machen. Wir erwarten die Rückzahlung des für diesen Auftrag überwiesenen Betrages in Höhe von DM 182,40 und anteilig DM 93,60 Kontrollkosten. Es steht Ihnen völlig frei dagegen Einspruch zu erheben. Wir werden dann als neutrale Stelle das hiesige Gericht in Anspruch nehmen, wobei der Gerichtsstand Nürnberg ist.

Als Termin für diese Regelung gilt Dienstag, der 22.8.1978. Das Konto der GfK lautet: Postscheckamt Nürnberg, Konto Nr.

Bitte übersenden Sie uns alle in Ihrem Besitz befindlichen Unterlagen der GfK einschließlich des Interviewerausweises.

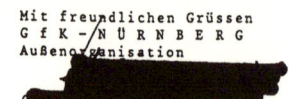

Mit freundlichen Grüssen
G f K -/N Ü R N B E R G
Außenorganisation

Anlage 5

Ich fühlte mich zu Unrecht kritisiert. Denn die Bögen waren so angenehm kurz gewesen, das ich sie tatsächlich in ihrem vollen Umfang vor Ort in meinem zugewiesenen Zielgebiet verwendet hatte.

Um daher den Nachweis zu führen, daß ich korrekt gearbeitet hatte, ging ich noch einmal ins Zielgebiet, diesmal mit der Intention, mir von den Befragten meine Interviews bestätigen zu lassen. Doch viele lehnten ab, als ich zum zweiten Mal an ihrer Tür erschien. Sie erklärten, sie wollten nicht unterschreiben, und wunderten sich, daß ihre Anonymität, die ich ihnen beim ersten Gespräch zugesichert hatte, aufgehoben werden sollte.

Dennoch bestätigten zwei Haushalte, daß ich sie besucht und zum Thema »Restaurantkette McDonald's« befragt hatte. Darüber hinaus bestätigten sie auch, daß ich ihre Antworten korrekt zitiert hatte. Außerdem erklärten sie handschriftlich, daß sie den von der GfK nachgeschickten Kontrollbogen weggeworfen hätten. Und einer versicherte schriftlich, er habe nichts ausfüllen können, weil er im Urlaub gewesen sei.

Das alles half mir nicht. Die GfK hielt die Kündigung aufrecht. Nachdem sie zwei Jahre lang meine Schreibtischinterviews honoriert hatte, entließ sie mich paradoxerweise wegen einer Recherche, die ich korrekt und sorgfältig vor Ort durchgeführt hatte.

Mein zweiter Anlauf bei der GfK

Nach zwei Jahren stand ich bei der GfK wieder dort, wo ich begonnen hatte. Ich war zwar entlassen, arbeitete aber für die anderen in der Gruppe auch ihre GfK-Aufträge mit ab. Tag für Tag saßen wir oft bis nach Mitternacht am Tisch, jeder einen Packen Fragebögen vor sich. Es waren unterschiedliche Aufträge mehrerer Institute, die wir gemeinsam ausmalten.

Den Tagesverdienst eines jeden errechneten wir zum Schluß, indem wir die erwirtschaftete Gesamtsumme durch die Anzahl der Teilnehmer teilten. Während sich andere Institute manchmal bis zu drei Monate Zeit ließen, überwies die GfK die Honorare schnell.

Dennoch hätte ich nie geglaubt, daß ich noch einmal für diese Gesellschaft arbeiten würde. Daß Berufsinterviewer sich unter einem Pseudonym wieder bewerben und in den Stab aufgenommen werden, erschien mir damals paradox. Doch das ist in der Meinungsforschungsbranche gang und gäbe: Viele Berufsinterviewer arbeiten unter den Namen von Freunden und Verwandten weiter, als hätte es nie eine Kündigung gegeben.

Also begann ich nach knapp zwei Jahren, im Juli 1980, wieder meine Interviewertätigkeit bei der GfK. Ich bewarb mich unter dem Mädchennamen meiner Mutter, »von Reth«. Die Fotos, die ich der Bewerbung beifügen mußte, waren kein Problem: Ich nahm zwei Jugendbilder von mir. Den Meinungsforschungsgesellschaften ist offensichtlich gleichgültig, wer für sie die Umfragen durchführt, solange die Interviewer nur funktionieren.

Bei der GfK hatte sich nichts geändert: Immer noch produzierten sie umfangreiche Fragenkataloge, die kein Mensch beantworten würde. Aber ich war vorsichtiger geworden, das hatte ich aus meiner Kündigung gelernt. Ich hütete mich zukünftig davor, allzu viele negative Antworten zu notieren. Wenn die Auftraggeber der Meinungsumfragen nur ihr vorgefertigtes positives Markenimage bestätigt haben wollten, dann wollte ich diese Erwartung zukünftig erfüllen. Ansonsten änderte ich an meinem System nichts: Kernfragen stellen und Kontakte sichern.

Auf dieser Grundlage arbeitete ich sechs Jahre lang wieder im Stab der GfK mit. Sechs Jahre lang bewältigte ich wieder umfangreiche Studien, wobei das Themenspektrum von »Fernsehen« bis »Zahnpasta« reichte. Sechs Jahre lang war die GfK mit mir zufrieden, obwohl sie immer kontrollierte.

Dann, Ende Januar 1986, begann der Anfang vom Ende der Zusammenarbeit. Die GfK beklagte sich über nicht eingetroffene Rückantwortkarten. Ich hätte bei meinem letzten Auftrag die Interviewten nicht über mögliche Kontrollschreiben informiert, kritisierte sie, und deshalb kämen die Schreiben nicht zurück.

Gut acht Wochen später, am 9. April 1986, hatte ich meine zweite Kündigung bei der GfK auf dem Schreibtisch. Zur Begründung hieß es in dem Brief:

»Es scheint uns suspekt, daß Sie mehr oder weniger der einzige sind, bei dem sich Kontrollvorgänge nie 100%-tig aufklären.«

Wenn dem so wäre, wenn sich bei mir die Kontrollvorgänge »nie 100%tig« aufklären ließen, dann hätte die GfK mich nicht sechs Jahre lang als Interviewer beschäftigen dürfen.

Doch mit dieser zweiten Kündigung war meine Mitarbeit bei der GfK noch lange nicht beendet. Von 1987 bis 1989 arbeitete ich zunächst als Co-Interviewer für unsere Gruppe, die mir viele Aufträge der GfK zuschob.

Mein dritter Anlauf bei der GfK

Im November 1989 bewarb ich mich noch einmal bei der GfK, diesmal unter dem weiblichen Pseudonym »Angelika Schmidt«. Sie war eine Freundin von mir und überließ mir ihre Personendaten und Fotos.

Es funktionierte: Die GfK engagierte Angelika Schmidt als freiberufliche Interviewerin. Fortan operierte ich also als Frau nach altbewährtem Muster: Kernfragen stellen, Kontakte sichern und den Rest zu Hause ausmalen. Nach diesem Schema bearbeitete ich auch Studien, die unter meinem Pseudonym »von Reth« zu meiner Kündigung geführt hatten. Diesmal aber blieb ich unbehelligt.

In einer Umfrage in jener Zeit sollten die Zielpersonen weltbekannte Firmenlogos und -symbole erkennen. Fünf Mark zahlte die GfK für den ausgefüllten Bogen. Er war recht schmal, doch die Analyse und die Beantwortung des dazu gehörenden Zusatzheftes kosteten um so mehr Zeit. In diesem Zusatzheft sollte die befragte Person bunte Firmensymbole erkennen.

Wenn sie das farbige Firmenlogo ernsthaft betrachtete und dann versuchte, das Logo einem Unternehmen zuzuordnen, und das Ganze etwa eineinhalb Minuten in Anspruch nahm, dann addiert sich das bei 20 Firmenlogos schon auf 30 Minuten. Damit war bereits viel Zeit verbraucht, bevor das eigentliche Interview begonnen hatte.

Wir sollten den Befragten Zeit zum Nachdenken geben, aber wir durften die Zeit auch nicht vertrödeln. Hier klaffen Anspruch und Wirklichkeit weit auseinander.

Trickreich mußte man auch bei den Fragebögen zum Thema »Waschmittel« vorgehen. Die Interviewer bearbeiteten diese Bögen gerne, denn das Thema stieß auf eine allgemein hohe Akzeptanz, so daß die langwierige Suche nach auskunftswilligen Personen entfiel.

Die Details allerdings waren schwierig. Die Firmennamen waren zumeist gut bekannt. Doch wo hatte die Befragte zuletzt Werbung für Waschmittel gesehen? In Illustrierten, Tageszeitungen, auf Plakaten, in Rundfunk oder Fernsehen? Und für welches Waschmittel?

Wer achtete denn schon so genau darauf? Ich mußte den Gegebenheiten Rechnung tragen. Also verkürzte ich: Wo sie denn zuletzt ihr Waschmittel gesehen habe, fragte ich zwischen Tür und Angel. Das war zwar nicht nach den allgemeinen Regeln der deutschen demoskopischen Literaturnorm formuliert, sparte dafür aber Zeit und Mühe.

Denn wenn eine Auskunft mit den Worten: »Woher soll ich das jetzt noch wissen? Ist das denn so wichtig?« verweigert wurde, mußte der Interviewer erhebliche Überredungskünste aufwenden, um die Befragte aufs neue zum Nachdenken zu motivieren.

Ich habe auch schon gemeinsam mit den Befragten gewürfelt: Die Eins stand dann für »Illustrierte«, die Fünf für »Fernsehen«. Wichtig war allein, daß die Befragten sich an irgend etwas im Zusammenhang mit dem Waschmittel erinnerten. Alles andere wäre peinlich für die Werbe- und Marketingstrategen in den Chefetagen der Unternehmen gewesen. Denn das hatte ich aus meiner ersten Kündigung bei der GfK gelernt: Weder die Meinungsforschungsinstitute noch die Geschäftsführer der Auftraggeber wollen die Ahnungslosigkeit der Kunden und Verbraucher wahrhaben.

Die professionellen Interviewer schmuggeln deshalb Personen mit einem angeblich stärkeren Wahrnehmungs- und Erinnerungsvermögen in ihre Fragebögen ein, die auch noch die Werbeslogans der Produkte kennen. Es gehört dabei zur Vorbereitung der Interviewer, für solche Standardstudien immer eine Liste der Slogans griffbereit zu haben.

Diese Standardstudien kehren alle Jahre wieder, und man kann sich darauf vorbereiten, denn man weiß in etwa, wann wieder eine Befragung ansteht. Also stellte ich meinen eigenen »Omnibus« zusammen und schob in Haushalten, die ich für andere Umfragen aufsuchte, noch die Fragen zu den Waschmitteln nach.

Wenn die Waschmittelstudien dann eintrafen, setzte ich mich an den Schreibtisch und begann die Bögen nach den vorgezogenen Kontakten auszufüllen. »Vorzugsadressen, Vorzugskontakte sammeln« nannten wir dieses Verfahren. Es war sehr erfolgreich, denn mit »Vorzugskontakten« hatte ich niemals Probleme, selbst bei Kontrollen nicht. Die Gesellschaften ließen sie immer unbeanstandet passieren, obwohl diese zeitversetzten Interviews bei ihren scharfen Kontrollen auffielen.

Im Oktober 1993 beauftragte das Bundesministerium für Familie und Senioren in Bonn die GfK mit einer großen Studie zum Thema »Familien in Deutschland«. In einem Anschreiben hieß es zu den Zielen der Studie:

»Sicherlich haben Sie schon in Ihrer Verwandtschaft über die Situation von Familien mit Kindern gesprochen. Manchmal spielen dabei die wirtschaftlichen Belastungen und die damit verbundenen Sorgen eine Rolle. Um diese zu reduzieren, wurden zahlreiche staatliche Hilfen, wie zum Beispiel das Kindergeld, eingeführt. Zur Einschätzung der Situation heute benötigt das Bundesministerium für Familie und Senioren verläßliche und aktuelle Angaben über die Einkommensverhältnisse von Familien.«

Und diese Angaben sollten wir in über 6000 Interviews einholen. Wie hoch die Miete für die Wohnung sei und wie hoch die Betriebs- und Nebenkosten seien, mußten wir da etwa fragen. Ob der Haushalt Wohngeld beziehe und wenn ja, wieviel?

Bei eventuellen Unsicherheiten, empfahl uns der Fragebogen, sollten wir folgenden »Hinweis geben: Der Betrag kann im Wohngeldbescheid nachgelesen werden!« Und dann wurde das Jahreseinkommen 1992 abgefragt (vgl. Anlage 6).

Welche Familie war bereit, uns derart ausführlich in ihre Einkommensverhältnisse einzuweihen? Wer gab uns detaillierte Auskünfte über eheliche und partnerschaftliche Beziehungen? Über Ausbildungsabschlüsse aller Familienmitglieder, Beschäftigungszeiten, Umschulung, Fortbildung? Über Hypotheken und Kredite, Renten, Arbeitslosen- und Unterhaltsgeld, Urlaubs- und Weihnachtsgeld, Ausbildungsförderung, Mieteinkünfte, Einkünfte aus Geldanlagen? Hinter jeder dieser Fragen lauerten Abbruchstellen.

Nach meinen Erfahrungen ist bei diesen Themen verständlicherweise kaum jemand bereit, zu antworten. Und das sollte sich auch bei dieser Umfrage wieder bestätigen. Durchschnittlich zwei Stunden mußte ich suchen, ehe ich eine auskunftswillige Familie fand.

Doch für die schwierige Suche und Kontaktaufnahme bekam ich kein Honorar. Die GfK bezahlte nur für ausgefüllte Fragebögen 18 Mark. Legt man zwei Stunden Suche und eine Stunde Befragung zugrunde, so kam ich bei dieser Studie auf einen Stundenlohn von sechs Mark brutto.

16a Wir möchten nun versuchen, das <u>Jahreseinkommen</u> 1992 von Ihnen und den Familienmitgliedern Ihres Haushaltes festzustellen (brutto und netto). Hierzu nehmen wir Ihre Angabe zu den monatlichen Einkommen mal 12 (bzw. mal ..... falls Sie nicht das ganze Jahr gearbeitet haben) und rechnen alle eventuellen weiteren Einkommenskomponenten - ausschließlich aus Erwerbstätigkeit! - hinzu. Wenn Sie die Beträge nicht genau wissen, gibt es u.U. die Möglichkeit, auf der Lohnsteuerkarte 1992 oder in der Einkommenssteuerbescheinigung 1992 nachzusehen.

> *Int.:* Wenn Sie auf <u>Lohnsteuerkarte / Einkommenssteuerbescheid 1992</u> zurückgreifen können und möchten, ersparen wir uns die Rechnerei und tragen die dortigen Angaben für Brutto- und Netto-Jahreseinkommen 1992 direkt ein.
>
> *Int.:* In diesem Fall direkt **Jahreseinkommen** eintragen, die vorherigen Angaben sind nicht mehr notwendig. Zusätzlich markieren, daß Lohnsteuer / Einkommensbescheid herangezogen wurde.

	Befrag-te(r) DM	Ggf. (Ehe-) Partner DM	Ggf. 1. Kind DM	Ggf. 2. Kind DM	Ggf. 3. Kind DM
Durchschnittl. Monatsgehalt x 12 bzw. x Anzahl der Arbeitsmonate in 1992 4/					
- brutto:	9-13	42-46	75-79	37-41	70-74
- netto:	14-18	47-51	5/ 9-13	42-46	75-79
- kein Einkommen:	19 (1)	52 (1)	14 (1)	47 (1)	80 (1)
- weiß nicht	(2)	(2)	(2)	(2)	(2)
- Angabe verweigert	(3)	(3)	(3)	(3)	(3)
+ Ggf. 13. (u. 14.) Monatsgehalt, Weihnachts- / Urlaubsgeld, sonstige finanzielle Leistungen des Arbeitgebers 1992					
- brutto	20-24	53-57	15-19	48-52	6/ 9-13
- netto	25-29	58-62	20-24	53-57	14-18
- keine dieser Leistungen	30 (1)	63 (1)	25 (1)	58 (1)	19 (1)
- weiß nicht	(2)	(2)	(2)	(2)	(2)
- Angabe verweigert	(3)	(3)	(3)	(3)	(3)
= **Jahreseinkommen**					
- brutto	31-35	64-68	26-30	59-63	20-24
- netto	36-40	69-73	31-35	64-68	25-29
Lohnsteuerkarte / Einkommenssteuerbescheid 1992 wurde					
- herangezogen	41 (1)	74 (1)	36 (1)	69 (1)	30 (1)
- nicht herangezogen	(2)	(2)	(2)	(2)	(2)

Anlage 6

Die GfK war »mit der Qualität« der Arbeit von Angelika Schmidt »überaus zufrieden«, wie sie mir in einem Brief am 10. Mai 1990 schrieb (vgl. Anlage 7). Bis heute gehört Angelika Schmidt als Interviewerin zum Stab der GfK, denn ihr wurde weder gekündigt, noch trat ich freiwillig aus.

Frau
Angelika Schmidt

Bochum

Nürnberg, 10.05.1990

59 11 25

Sehr geehrte Frau Schmidt,

im Rahmen unserer standardmäßigen Qualitätskontrolle hatten wir Gelegenheit, zwei von Ihnen bearbeitete Studien komplett zu kontrollieren.

Mit der Qualität Ihrer Arbeit sind wir überaus zufrieden. Ihre Fragebögen sind sehr sorgfältig ausgefüllt, die Filterführung wurde beachtet und Sie haben offensichtlich keine Schwierigkeiten mit der Erfüllung der Quoten.

Wir freuen uns sehr, Sie als Interviewer in unserem Stamm zu haben und hoffen auf eine lange Zusammenarbeit zur beiderseitigen Zufriedenheit.

Mit freundlichen Grüßen

G f K   Marktforschung

Anlage 7

4. GFM-Getas

oder Wie Zielpersonen konstruiert werden

Die Zusammenarbeit zwischen der GFM, der Gesellschaft für Marktforschung in Hamburg, und mir begann im September 1975, und sie sollte ohne Unterbrechung bis zum März 1989 dauern. Ich hatte meiner Bewerbung einige Probeinterviews hinzugefügt, die ich nach der Methode »Kernfragen stellen und Kontakte sichern« durchgeführt hatte.

Nach dieser Methode jenseits aller Regeln der demoskopischen Wissenschaft sollte ich 14 Jahre lang trotz scharfer Kontrollen unbehelligt bei der GFM, später GFM-Getas, arbeiten. Ich stellte immer nur vier bis sechs Kernfragen zu den Themen, obwohl ich 150 bis 200 Fragen hätte vorbringen müssen.

Schon die ersten Fragebögen, die ich für die GFM bearbeiten sollte, scheiterten an den praktischen Gegebenheiten: Sie ließen sich in ihrer Komplexität und Größe nicht abfragen.

Verglichen mit den Bögen anderer Institute, waren die Bögen der GFM einfach aufgebaut mit überschaubaren, leicht anzukreuzenden Rubriken. In anderen Bögen mußte gekringelt werden, das heißt, die entsprechende Antwort mußte eingekreist werden. Nur: 200 Fragen, 200 Antworten und 200 Kringel kosten Zeit. Zeit, die meine Kontaktpersonen nicht bereit waren, zu investieren.

Die GFM arbeitete bei der Auswahl der zu befragenden Haushalte gerne nach folgender Methode: »Ihre

Startpunktkombination lautet: Br 25.« Das bedeutete für mich, daß ich in der Region, die mir zugewiesen war, eine Straße mit den Anfangsbuchstaben »Br« suchen mußte. Und in dieser Straße mußte ich im Haus mit der Nummer 25 meine demoskopische Stichprobe beginnen.

Doch selbst solche auf den ersten Blick klare Anweisungen hatten ihre Tücken: Es gibt in jeder größeren Stadt mehrere Straßen mit den Anfangsbuchstaben »Br«. Welche schlug hier für die Wissenschaft mehr ins Gewicht, die »Brahmsstraße«, die »Brechtstraße« oder die »Bruckner-Straße«?

Ab dem Haus mit der Nummer 25 mußte ich die Haushalte nach einem bestimmten Zufallsschlüssel befragen:

»Beginnen Sie von der untersten rechts gelegenen Wohnung an zu zählen. Bei der fünften Wohnungstür machen Sie halt. Dies ist Ihr erster Zielhaushalt. Dann gehen Sie jeweils fünf Wohnungstüren weiter und führen bei den dort wohnenden Haushalten Interviews durch.«

Erschwerend kam noch der »Geschlechtermerkmal-Sprung« hinzu: Im ersten Haushalt durfte ich nur einen Mann, im zweiten nur eine Frau befragen. Oder im »Hammelsprung-Verfahren« im ersten Haushalt nur einen Mann, im dritten eine Frau, im sechsten einen Mann und so weiter.

Die Fragebögen differenzierten aber noch weiter: So gab es bei der GFM »Doppelinterview-Fragebögen«, die auf zwei Befragungen in einem Mehr-Personen-Haushalt abzielten. Der Interviewer mußte sich folglich nach einem eingebauten Filter mit Doppelinterviews herumschlagen: »Haben Sie bis jetzt einen Mann befragt, so setzen Sie nun das Interview mit einer Frau fort«, hieß es dann im Fragebogen.

Solche Doppelinterviews bereiteten große Probleme: Selten traf ich Mann und Frau gleichzeitig im Haushalt an. Also mußte ich abends wiederkommen. Doch nach einem anstrengenden Arbeitstag war der Mann nicht willens, zu antworten. Ich schaffte meine Doppelinterviews nie, denn ich scheiterte immer an solchen Gegebenheiten. Dabei hätte ich nach den Begehungsvorschriften in jedem dritten Haushalt Mann und Frau befragen müssen.

Also suchten wir bevorzugt Ein-Personen-Haushalte auf mit der Folge, daß die Umfrage verzerrt wurde. Oder wir schmuggelten Ein-Personen-Haushalte in die Umfrage hinein, indem wir die Familie auf eine Person dezimierten. So wurden pro Untersuchung Hunderte von Zielpersonen, die wir hätten aufschlüsseln müssen, von der Stichprobe nicht erfaßt. Statistisch gesehen hatte das zur Folge, daß in einem Befragungsgebiet die Anzahl der Ein-Personen-Haushalte fast sprunghaft anstieg.

Umgekehrt entwickelte sich unter unserer Federführung auch schnell ein Ein-Personen-Haushalt zu einem Mehr-Personen-Haushalt, das heißt, wir führten mehr Menschen auf, als tatsächlich in dem Haushalt lebten: Gerade hatte ich einen alleinlebenden Studenten kontaktet. Zu Hause konstruierte ich dann seine Lebensgefährtin, mit der ich das Interview angeblich fortgesetzt hatte...

Gerade bei Doppelinterviews konnten die Kontrolleure den Interviewer leicht überführen, denn er hatte tatsächlich nur eine Person befragt. Und nur dieses eine Interview bestätigten die Befragten in den Kontrollbriefen der Gesellschaften, wenn sie diese überhaupt zurückschickten.

Schon nach wenigen Monaten hätte sich die GFM deshalb von mir trennen müssen. Doch sie ließen mich weiter an ihren Meinungsumfragen mitarbeiten und honorierten immer meine Aufträge. Mithin waren sie zufrieden mit mir, denn die Vergütungsrichtlinien der GFM waren in diesem Punkt eindeutig:

»Interviewerarbeiten, die den von uns durchgeführten Kontrollen nicht standhalten – unehrliche Arbeiten – werden von unserem Institut nicht honoriert.«

Im November 1975 arbeitete ich an einer großen Schwerpunktbefragung zum Thema »Wohnungspolitik« im Ruhrgebiet mit. Wohnungspolitik, Wohnungsbau und Wohnungsbedarfsplanung sind Themen, die von den Meinungsforschungsinstituten regelmäßig bearbeitet werden.

Die Umfrage bestand aus Fragebögen und kleinen Kärtchen, die der Interviewer den Befragten vorlegen sollte, die aber eher kleinen Fragebögen glichen. Es ist erstaunlich, wie viele Fragen sich auf einem Stück Karton von der Größe einer Postkarte unterbringen lassen.

Von diesen Karten hatte die GFM Zigtausende drucken lassen mit den Themen: Haushaltsgröße, Wohnungsgröße, Miet- und Nebenkosten und natürlich dem Einkommen der Familie.

Zu manchen Karten gehörten Fragebögen, die wir dem Befragten vorlegen mußten, wenn sie zum Beispiel in eine größere Wohnung umziehen wollten oder wenn sie ein Haus bauen wollten. Die zukünftigen Bauherren mußten wir auch über die Höhe ihres Eigenkapitals sowie zur Finanzierung des Bauvorhabens befragen.

Doch welcher Bauherr läßt sich bereitwillig seine Finanzplanung entlocken? Da bleibt dem Interviewer nur übrig, das Einkommen zu schätzen. Ein luxuriöses Auto vor dem Haus deutet dann auf eine hohe Eigenkapitalquote. Mit empirischer Wissenschaft hat das nur noch wenig zu tun.

Die GFM teilte unserer Gruppe, die ebenfalls bei der Umfrage mitarbeitete, sechs Zielstraßen zu. Die Straßen befänden sich in einem Sanierungsgebiet, hieß es. Dazu erhielten wir – päckchenweise gebündelt – Kärtchen, Fragebögen und einen dicken Stapel Unterlagen, dessen Inhalt mir bis heute verborgen geblieben ist. Wir hätten viel zuviel unbezahlter Arbeitszeit vergeudet, wenn wir diesen Stapel Unterlagen studiert hätten. Die GFM zahlte aber nur für jede ausgefüllte Karte 2 Mark, für jeden dazugehörigen ausgefüllten Fragebogen 7,50 Mark Honorar.

Ich war daher entschlossen, viele ausziehwillige Mieter zu finden. Das verfälschte zwar die Statistik, erhöhte aber mein Honorar: Die Fragebögen mußten vorgelegt werden, wenn jemand innerhalb der nächsten drei Jahre ausziehen wollte oder wenn er plante, in diesem Zeitraum Eigentum zu erwerben.

Sechs Ausziehwillige je Straße, multipliziert mit 7,50 Mark je Fragebogen, ergaben 45 Mark. Zählte man noch durchschnittlich 6 Mark für sechs ausgefüllte Karten hinzu, summierte sich der Verdienst in einer Straße auf 57 Mark. Multipliziert mit sechs Straßen kamen wir auf ein Tageshonorar von 342 Mark.

Soweit die zwar solide, aber leider auch nur theoretische Rechnung. Denn wenn im Idealfall jede zweite Person auskunftswillig gewesen wäre, hätten wir dennoch 72 Haushalte kontakten müssen. Das war selbst für zwei professionelle Interviewer an einem Tag nicht zu leisten. Doch eine solche »Trefferquote« ist vor Ort sowieso eine Illusion.

Wie veranlaßt man den Mieter eines Wohnblocks in einem Sanierungsgebiet zu der Aussage, daß er erwäge, auszuziehen? Durch die Fragestellung:

»Möchten Sie hier ausziehen?«

Auf diese Kernfrage hatte ich den Bogen reduziert. Dennoch hatte ich nicht den erwünschten Erfolg, denn viele verneinten: Zwar wohnten sie in einem Sanierungsgebiet, doch dafür waren die Mieten niedrig. Wir kümmerten uns nicht darum: Sechs bis sieben Ausziehwillige notierten wir täglich. Es war die einzige Möglichkeit, an dieser Umfrage etwas zu verdienen.

Und es war auch plausibel und begründbar. Eine wichtige Voraussetzung, denn die GFM hatte angekündigt, die »Plausibilität« der ausgefüllten Bögen streng zu kontrollieren. Dennoch kritisierte die GFM uns: Wir sollten nicht so viele Bögen ausfüllen, beschwerte sich die Zentrale, denn unsere Ergebnisse würden nicht mit den Grunddaten übereinstimmen. Statistisch gesehen dürften nämlich nur zwei Ausziehwillige je Straße auftauchen. Bei uns aber seien es sechs bis sieben je Straße, kritisierten die Kontrolleure. Das sei unglaubwürdig, denn auf das gesamte Gebiet hochgerechnet bedeute das, daß 70 Prozent der Mieter ausziehen wollten. Es gebe auch sogenannte »statistische Ausreißer«, argumentierten wir. Und wir verwiesen auf die besondere Situation der Mieter in einem Sanierungsgebiet, wo der Anteil der Menschen, die gerne fortziehen möchten, sicher größer sei als in anderen Wohngegenden.

Seltsamerweise bezog sich die Kritik der GFM nur darauf, daß unsere Ergebnisse mit der Statistik nicht übereinstimmen könnten. Bleibt zu fragen, warum wir dann eigentlich noch Erhebungen machen sollten, wenn die GFM sowieso schon das Ergebnis kannte?

Nach einem Jahr schickte mich die GFM zusammen mit meinem Freund und einigen Kartons mit Fragebögen, Listen und Kärtchen ins Rheinland. Drei Wochen lang hatten wir Zeit, Hunderte von Fragebögen nach den Begehungsrichtlinien der GFM auszufüllen.

Es waren unterschiedlich strukturierte Bögen mit eingedruckten Netzen, deren anzukreuzende Quadrate für Fragen standen. Einige Bögen enthielten nur 80, andere 150 oder sogar 200 Fragen. Das hing von den Themen ab. Zudem gab es Zusatzbögen, die wir vorlegen mußten, wenn der fettgedruckte Filter im Hauptbogen – das konnte ein Symbol, ein Buchstabe oder eine Zahl sein –, darauf hinwies:

»Interviewer, besitzt die Befragungsperson eine Spülmaschine?«

Bejahte die Befragungsperson, kam also der Zusatzbogen an die Reihe. Er hatte zwar nur 40 Fragen, doch darunter gab es einige sogenannte »offene Fragen«: Hier mußte der Interviewer die Antworten wortwörtlich in den vorgesehenen Freifeldern notieren. Die GFM schätzte diese ungekürzten Beurteilungen, denn allein daraus gewinne man ein klareres Bild.

Doch für den Interviewer bedeuteten offene Fragen Schwerstarbeit. Bei 200 Zusatzbögen im Kofferraum meines Fahrzeuges fehlte mir dafür die Zeit. Ich interviewte also nach meiner bewährten Methode, stellte drei, vier Kernfragen, sicherte den Kontakt und machte mich dann aus dem Staube. Den Rest des Bogens füllte ich zu Hause aus.

Auch die Fragelisten, die eher unförmigen Broschüren glichen, bearbeiteten wir nicht vor Ort. Denn von den 40 Seiten brauchten wir nur fünf für den Abgleich mit dem Fragebogen. Die restlichen 35 Seiten konnten wir überblättern. Zuweilen verstand ich auch nicht, was mit der einen oder anderen Liste gemeint war. In meinen gesamten Berufsjahren als Interviewer habe ich mich kaum mit den Listen beschäftigt.

Kärtchen dagegen legte ich vor. Denn das überprüften die Gesellschaften, wenn sie den Befragten die Kontrollbriefe mit der Bitte um Bestätigung zuschickten:

»Wurden Ihnen zu bestimmten Fragen Kärtchen mit Antwortmöglichkeiten, Abbildungen, Zeitungstiteln oder Fotos als Antworthilfe übergeben?«

Auf diesen Kärtchen standen zum Beispiel unterschiedliche Charaktereigenschaften von Menschen. Der Interviewer mischte das Kartenspiel, und der Befragte mußte eine Karte ziehen und dann entscheiden, in welchem Maße die Charaktereigenschaft auf ihn zutraf. Dazu konnte er das Kärtchen auf einer Skala mit den Kriterien von »Trifft zu« bis »Trifft überhaupt nicht zu« einordnen.

Doch die Gesellschaften konnten nicht überprüfen, wie viele Kärtchen der Interviewer vorgelegt hatte. Welche Zielperson hätte sich nach Wochen noch daran erinnert? Hier hatte der Interviewer also Gestaltungsfreiräume, die er zu seinen Gunsten nutzte, indem er viele Kärtchen unterschlug. Der Befragungsperson fiel das ohnehin nicht auf.

Am Schreibtisch zu Hause malte ich dann auf der Grundlage von wenigen Antworten auf meine Kernfragen Hunderte von Fragebögen plausibel aus. Das sparte viel Arbeitszeit.

Seit dem Frühjahr 1976 war ich für die GFM fast jährlich an Autoumfragen beteiligt. Diese Fragebögen sollten eigentlich die Autofahrer ausfüllen, doch ich stellte schnell fest, daß sie dabei oft fehlerhafte Angaben machten. Das betraf besonders die Hubraum- und PS-Daten. Also mußten die Interviewer anschließend die Zahlen anhand von Checklisten überprüfen und korrigieren.

Denn diese Autostudien unterlagen strengen Kontrollen. Aber die GFM beanstandete meine Bögen lange nicht. Dabei wäre Kritik zwingend notwendig gewesen, denn wir handelten die Fragebögen, die auf 60 Minuten angelegt waren, in wenigen Minuten an Tankstellen ab. Die Tankstellen erwiesen sich als sehr günstiger Einsatzort, denn während des Auftankens stehen viele Fahrer untätig herum und sind deshalb offen für ein paar Fragen.

Die GFM kontrollierte aber nicht nur die Befragungsdauer, sondern auch die Qualität. Doch allein die Interviewer sicherten die Qualität, denn unsere Checklisten waren immer aktuell. Anfangs mußten wir noch viele Daten nachschlagen, aber mit der jahrelangen Praxis entwickelten wir uns zu Autoexperten. Darüber freuten sich die Gesellschaften und die Marketingstrategen der großen Automobilkonzerne, glaubten sie doch, ihre jahrelangen Kampagnen seien erfolgreich gewesen und das Detailwissen stamme von den Autofahrern.

In den Fragebögen der GFM ging es um Schokoladensorten und Videorekorder, um Biersorten und Kinderspielzeug. Und das in ausführlicher, fast epischer Breite. Allein beim Thema »Zigaretten« mußte die Zielperson sich zu 60 Sorten äußern. Nachdem dies erledigt war, folgten 73 Aussagen, die sie in einer vierstufigen Skala positiv oder negativ bewerten sollte. Wer hier pro Aussage nur 15 Sekunden nachdachte, der brauchte allein für diesen Fragenkomplex 18 Minuten.

Wir arbeiteten am heimischen Schreibtisch alle Aufträge zügig ab. Dazu verwendeten wir oft auch »kalte

Adressen«: Kalte Adressen bezeichnen Haushalte, die wir Wochen zuvor schon besucht und befragt hatten, allerdings für ein anderes Meinungsforschungsinstitut und zu einem anderen Thema. Jetzt konfrontierten wir diese Haushalte fiktiv mit den neuen Fragebögen.

Wir benutzten aber nicht nur mehrfach die gleichen Adressen, sondern wir verwerteten auch mehrfach die gleichen Ergebnisse: Das alte SPD-Image wurde drei Wochen später als neues SPD-Image codiert. Und das Institut pries dann die überholte Prognose an.

Auch hier kontrollierte die GFM, auch hier ließ sie mich unbehelligt und kritiklos weiterarbeiten und überwies alle Honorare.

Getas

Seit dem Frühjahr 1978 arbeitete ich auch als Interviewer für die Getas, die Gesellschaft für angewandte Sozialpsychologie in Bremen. Die Getas behandelte bevorzugt politische und gesellschaftliche Themen wie den Terrorismus oder die Standardfragen zu Politikern und Parteien. Aber es gab auch Fragebögen, die mit dem Themenkomplex Politik begannen und mit unbekannten Produkten endeten. Die Politfragebögen der Getas waren in der Praxis gut zu handhaben, wenn sie auch wie fast alle Bögen, die mir begegnet sind, zu lang waren. Am Schreibtisch waren sie jedoch schnell auszufüllen, weshalb ich politische Umfragen immer gerne bearbeitete.

Die Getas arbeitete viel mit Adressenvorgaben. Und sie erwartete von ihrem Interviewer, daß er mit 30 Bögen im Gepäck etwa von Bochum nach München fuhr, um hier in vier Tagen wissenschaftlich korrekt 30 vorgegebene Haushalte zu besuchen.

Die Getas führte oft Schwerpunktstudien unter Ärzten durch. Die Gruppe der Ärzte war eine der wenigen Zielgruppen, die die Gesellschaften für ihre Kooperationsbereitschaft honorierten. 30 Mark erhielt ein Arzt, wenn er seine Zeit für das Interview opferte, dessen Dauer mit 40 Minuten kalkuliert war. Ich erhielt 25 Mark. Eine Unsitte der Getas war es allerdings, daß wir das Honorar für den Arzt zunächst einmal vorstrecken mußten. Nach acht Wochen erst bekamen wir dieses Geld zusammen mit der Honorarüberweisung zurück.

Doch trotz des Honorars für die Ärzte war es nie einfach, den Kontakt herzustellen. Der Interviewer mußte immer warten, bis der Arzt ihm Sprechzeit gewährte. Wer da nicht aufpaßte, der saß stundenlang in einer Klinik herum, ohne auch nur ein Interview zu erzielen.

Wen die Getas als Interviewer in ein Krankenhaus schickte, der mußte vorher wissen, wieviel Zeit er investieren wollte. Vielleicht traf er sofort auf einen Assistenzarzt, der freundlich reagierte. Paßte er überhaupt fachspezifisch in die Quote? Das spielte keine Rolle, hier galt es, die Chance zu ergreifen. Der Interviewer würde den Arzt später »einpassen«.

Schnell stellte der Interviewer acht bis zehn Fragen – acht bis zehn Fragen aus einem Corpus von 80 bis 100 Fragen. Doch mehr Kooperationsbereitschaft einzufordern, ist unverantwortlich in einer Zeit, in der man vom Pflegenotstand in Krankenhäusern spricht.

Zumeist aber beschränkte sich der Kontakt zu den Ärzten auf zwei, drei kurze Fragen. Wenn ich in drei Stunden diese »Zwei-Fragen-zwei-Antworten-Interviews« in der

Klinik beendet hatte, fuhr ich nach Hause. Dort schlug ich mein medizinisches Lexikon auf und beantwortete den Rest des Bogens. Doch ich war darin nicht sehr begabt. Die Zeit, die ich investieren mußte, um die Frage zu verstehen und das angelesene lexikalische Wissen in den Fragebogen umzusetzen, war enorm groß. So überließ ich bald die Ärztebefragungen anderen Interviewern.

Meine Zusammenarbeit mit der Getas verlief nie reibungslos. Immer wieder kam es zu telefonischen Auseinandersetzungen mit meinem Projektleiter: Ich hätte nur Minuteninterviews gemacht, warf er mir vor, wo ich mindestens eine Stunde bei den Zielpersonen hätte zubringen müssen.

Das stimmte sogar, denn das war meine Arbeitsweise: Kernfragen stellen, Kontakte sichern und die Bögen am heimischen Schreibtisch vervollständigen. Nur war das bei der Getas schon seit über zwei Jahren meine Arbeitsweise. So gesehen hätte die Getas mich schon wenige Wochen nach dem Beginn unserer Zusammenarbeit wieder entlassen müssen.

Doch die Getas kündigte mir erst nach zwei Jahren im Juni 1980. Es war eine »betriebsbedingte Kündigung«, begründet mit Überkapazitäten im Interviewerstab, die wegen der wirtschaftlichen Lage des Unternehmens abgebaut werden müßten (vgl. Anlage 8).

Die Fusion GFM-Getas

Im März 1987 fusionierten die GFM und die Getas zur GFM-Getas, der Gesellschaft für Marketing-, Kommunikations- und Sozialforschung mit Sitz in Hamburg.

```
                                                    GETAS
```

Bremen, 11. Juni 1980

Sehr geehrte Mitarbeiterin,
sehr geehrter Mitarbeiter,

da auch wir uns aufgrund der gesamtwirtschaftlichen
Situation laufend Gedanken darüber machen müssen,
durch Rationalisierungsmaßnahmen die permanent stei-
genden Kosten aufzufangen, sahen wir uns in den ver-
gangenen Wochen gezwungen, unseren Interviewerstab
systematisch zu überarbeiten.

Bei Überprüfung der neuen Stichproben stellte sich
heraus, daß wir in einigen Gebieten - proportional
zum Umfang der zu erwartenden Aufgaben - überbesetzt
sind oder ein kostensparender, sinnvoller Einsatz
nur durch Reduzierung der laufenden externen Ausgaben
zu verwirklichen ist.

Aus diesem Grunde haben wir uns entschlossen, Sie
aus unserem Interviewerstab herauszunehmen.

Senden Sie uns bitte umgehend die noch in Ihren
Händen befindlichen GETAS-Unterlagen einschließlich
des Interviewer-Ausweises zu.

Mit freundlichen Grüßen
G E T A S - Institut

Anlage 8

Ein unangenehmer Vorgang für all jene Interviewer, die zuvor für beide Meinungsforschungsinstitute gearbeitet hatten. Und auch ich, 1980 bei der Getas wegen Überkapazitäten wegrationalisiert, gehörte jetzt wieder zum Stab. Denn bei der GFM war ich schon seit 1976 kontinuierlich als freiberuflicher Interviewer beschäftigt.

Seit dem Abschluß der Fusion kam es zwischen mir und der GFM-Getas immer häufiger zu Reibereien. Sie bemängelten jetzt die Bögen sogar bei Ausfüllfehlern. So etwas hatte die Zentrale bisher immer großzügig redigiert, um den aufwendigen Briefwechsel zu vermeiden. Doch jetzt reklamierten sie die Schreibfehler in vielen Briefen und langen Telefonaten. Darüber hinaus forderten sie jetzt vollständige Adressenlisten an, also auch die Telefonnummern der befragten Haushalte, worum ich mich nie gekümmert hatte. Eine Ausnahme bildeten hier nur telefonische Befragungen, bei denen die Telefonnummer Voraussetzung für das Interview war.

Telefoninterviews habe ich schon im Rahmen zahlreicher Aufträge durchgeführt. Meist waren es umfangreiche Bögen, wobei 50 Fragen keine Seltenheit waren. Zum Schluß ging es um die persönlichen Verhältnisse: Einkommen, Steuern oder Familienstand. Doch die statistischen Merkmale, die für die Auswertung wichtig gewesen wären, ließen sich kaum abfragen. Die Partner am anderen Ende der Leitung spielten nie so mit, wie es sich die Demoskopen wünschten, sondern verweigerten einem unbekannten Anrufer nähere Auskünfte.

So stellen professionelle Interviewer auch in Telefoninterviews nur wenige Kernfragen, die noch fehlenden 30 bis 50 Fragen kreuzen sie nach freiem Ermessen an. Die statistischen Merkmale, Alter, Einkommen oder andere persönliche Dinge, werden ebenfalls erfunden. Als Grundlage der Einschätzung dient vor allem die zur Stimmenkenntnis verballhornte Menschenkenntnis des Berufsinterviewers. Einer akademischen Stimme werden zirka 8 000 Mark Monatseinkommen angedichtet. Eine alt klingende Frauenstimme, die sich oft wiederholt, wird als arme Rentnerin codiert. Natürlich sind derartige Einschätzungen noch unzuverlässiger, als man sie vor Ort treffen kann.

Trotz der Reibereien arbeitete ich weiter bei der GFM-Getas mit, bis zu einer Umfrage über das »Wahrnehmen von Plakatanschlagstellen«.

Die Studie war unlösbar, denn die Menschen, die wir befragten, konnten sich nicht an die Werbung erinnern, die sie zuletzt an einer Plakatwand gesehen hatten. Sie wußten zumeist noch nicht einmal, wo die nächste Plakatsäule oder -wand stand. Aber durfte ich leere Fragebögen zurückgeben? Ein leerer Bogen war erklärbar, vielleicht noch der zweite, aber dann wurde es kritisch. Also suchten wir lediglich den Kontakt und malten die Bögen zu Hause aus.

Die GFM-Getas überwies das Honorar für diesen Auftrag im Januar 1989. Gleichzeitig aber verweigerte sie mir das Honorar für die Autoumfrage, die ich auch zu jener Zeit für die GFM-Getas durchgeführt hatte.

Sie hätten meine Autoumfrage routinemäßig kontrolliert, schrieb mir die Zentrale, und dabei festgestellt, daß nicht eine einzige der Personen, die ich befragt hatte, Besitzer eines Neuwagens sei. Und außerdem hätte sich keine der kontrollierten Personen an ein Interview mit mir erinnert.

Ich hatte im Winter 1988/89 bei der Autoumfrage nicht anders gearbeitet wie all die Jahre zuvor bei der gleichen Umfrage: Kernfragen stellen und den Kontakt sichern. Auch in den Jahren zuvor hatte die Gesellschaft kontrolliert, bisher aber hatte sie nie meine Ergebnisse moniert. Darauf verwies ich auch in meinem Antwortschreiben. Doch die Kündigung war nicht mehr abzuwenden. Sie erreichte mich im März 1989 (vgl. Anlage 9).

Gleichzeitig kündigte die GFM-Getas auch meiner Frau, die seit Jahren ebenfalls als Interviewerin geführt wurde. Meine Frau hat niemals für die GFM-Getas gearbeitet, vielmehr erledigte ich die Aufträge, die meiner Frau zugeschickt wurden.

Das mußte die Gesellschaft wissen, fragte sie doch in ihren Kontrollanrufen oder -briefen ab, ob der Befragte von einem männlichen Interviewer oder einer weiblichen Interviewerin besucht worden sei. Und der Befragte kreuzte dann wahrheitsgemäß den Mann an. Auch das hatte die GFM-Getas bisher akzeptiert und uns weitere Aufträge zugeschickt.

Mit den Kündigungen war meine Arbeit für die GFM-Getas aber nicht beendet: Durch meine Gruppe war ich zwischen 1989 und 1992 an zahlreichen Erhebungen der Gesellschaft beteiligt. Im Dezember 1992 dann stieß ich unter dem weiblichen Pseudonym Angelika Schmidt wieder zum Interviewerkreis der GFM-Getas.

Wieder arbeitete ich an umfangreichen Studien mit, zum Beispiel zum Thema »Freizeit und Reisen«: Kernstück dieser Umfrage war ein Selbstausfüllerbogen, in dem die Befragungsperson alle Reisen aufzulisten hatte, die sie jemals in ihrem Leben angetreten hatte.

Doch die kontakteten Personen erinnerten sich allenfalls noch an die Reisen der letzten Jahre, nicht aber an solche, die schon lange zurücklagen. Da begannen sie

PER EINSCHREIBEN
Herrn
Heinrich Dorroch

Bochum   2. März 1989

Sehr geehrter Herr Dorroch,

wir beziehen uns auf Ihr Schreiben vom 22.2.1989 mit dem Sie Stellung nehmen zu denin unserem Schreiben vom 21.2.89 gemachten Vorwürfen hinsichtlich der Durchführung der Studie PKW-Image.
Leider müssen wir Ihnen mitteilen, daß uns Ihre Ausführungen überhaupt nicht befriedigen. Tatsache ist, daß mehr als die Hälfte der von uns kontaktierten Personen weder einen Neuwagen hatte, noch sich überhaupt an ein Interview erinnern konnte. Dieses Ergebnis läßt für uns nur den Schluß zu, daß die Interviews auch nicht im entferntesten entsprechend unseren Vorgaben entstanden sind. Und wenn Sie die Qualität dieser "Interviews" vergleichen mit den in der Vergangenheit abgelieferten Interviews, und feststellen, daß sich die Qualität nicht geändert habe, dann bedauern wir allerdings, Ihnen für in der Vergangenheit abgelieferte mangelhafte Interviews ein volles Honorar gezahlt zu haben. In keinem Fall werden wir die hier vorliegenden Interviews honorieren.

Von einer weiteren Zusammenarbeit mit Ihnen sehen wir ab.

Mit freundlichen Grüßen

G F M   G E T A S
Interviewerabteilung

Anlage 9

dann zu raten, oder sie ordneten die Urlaubsziele falschen Jahreszahlen zu. Ich hätte die Kästchen mit der Beurteilung: »Reise, Ziel nicht mehr bekannt«, bei jeder Person mindestens ein Dutzend Mal ankreuzen müssen, aber ich ließ das Kästchen leer.

Im Mai 1993 beauftragte die GFM-Getas mich (alias Angelika Schmidt) mit einer »Internationalen Sozialwissenschaftlichen Studie«. Die Umfrage glich eher einem Buch: Vier verschiedene Fragebogen-Splitversionen waren darin aufgelistet. Zwei Versionen für die alten, die anderen beiden Versionen für die neuen Bundesländer.

Allein das Kompendium für die alten Bundesländer umfaßte 65 engbedruckte Seiten. 60 bis 70 Minuten Dauer kalkulierte die GFM-Getas für das Ausfüllen des Bogens, dabei dauerte schon das Vorlesen allein zwei Stunden. Die Themen dieser »Internationalen Sozialwissenschaftlichen Studie« waren der Umweltschutz, die politische Situation in der Bundesrepublik sowie die Einstellung der befragten Person zu psychisch Kranken.

Dabei interessierte die Auftraggeber des Fragebogens, ob die Zielperson schon einmal in psychiatrischer Behandlung war (vgl. Anlage 10), und übergangslos auf der nächsten Seite die Einstellung zu Menschen, die in der Bundesrepublik um politisches Asyl bitten (vgl. Anlage 11). Auch hier werden Meinungsforscher zu gefährlichen Meinungsmachern, indem sie zwei gesellschaftlich schwierige und ungelöste Fragenkomplexe unkommentiert und undifferenziert aneinanderreihen.

Und natürlich wollen die Gesellschaften und ihre Auftraggeber immer wieder mit penetranter Beharrlichkeit und voyeuristischem Interesse die Einkommensverhältnisse kennenlernen.

U 4405/93 KOMPLEX A.   Seite 5   Karte 1

6	Waren Sie selbst schon einmal in einer psychosomatischen oder psychiatrischen Klinik bzw. in einer Nervenklinik in _stationärer_ Behandlung?	ja . . . . 1 nein . . . . 2 Angabe verweigert 7	63
7	War jemand, der Ihnen nahesteht, schon einmal wegen seelischer Probleme ambulant bei einem Nervenarzt bzw. Psychiater oder bei einem Psychotherapeuten bzw. Psychologen in Behandlung? Oder wurde schon einmal jemand in einer psychosomatischen oder psychiatrischen Klinik bzw. in einer Nervenklinik stationär behandelt?	ja . . . . 1 nein 2	64 8 9

8	War das jemand:

INT.: Vorgaben einzeln vorlesen, zu _jeder_ Vorgabe _eine_ Antwortziffer einkreisen

	JA	NEIN	
Aus Ihrer Familie?	1	2	65
Aus Ihrem Freundes- und Bekanntenkreis?	1	2	66
Aus dem Kollegenkreis?	1	2	67
Oder aus der Nachbarschaft?	1	2	68
			9

9	Hatten oder haben Sie persönlich beruflich oder ehrenamtlich mit der Betreuung oder Behandlung psychisch Kranker zu tun?	ja . . . . 1 nein 2	69
10	Hatten oder hat jemand, der Ihnen nahesteht, mit der Betreuung oder Behandlung psychisch Kranker zu tun?	ja . . . . 1 nein 2	70 11 12

11	Ist dies jemand aus:

INT.: Vorgaben einzeln vorlesen, zu _jeder_ Vorgabe _eine_ Antwortziffer einkreisen

	JA	NEIN	
Ihrer Familie?	1	2	71
Ihrem Freundes- und Bekanntenkreis?	1	2	72
Ihrem Kollegenkreis?	1	2	73
Ihrer Nachbarschaft?	1	2	74
			9

Anlage 10

U 4405/93 KOMPLEX A   Seite 6   Karte 1/2

SPLIT 1   7 5

12 Könnten Sie sich vorstellen, daß Sie bereit wären, sich ehrenamtlich in der Psychiatrie zu engagieren und Langzeitpatienten im psychiatrischen Krankenhaus bzw. in der Nervenklinik regelmäßig zu besuchen?

- ja 1
- nein 2
- mache ich bereits 3
- kann ich nicht sagen, weiß nicht 8

9

7 6

13 Könnten Sie sich vorstellen, unentgeltlich in einem Patientenclub mitzuarbeiten, wo psychisch Kranke einmal in der Woche in gemütlicher Atmosphäre zu gemeinsamen Gesprächen und Spielen zusammenkommen?

- ja 1
- nein 2
- mache ich bereits 3
- kann ich nicht sagen, weiß nicht 8

9

14 *INT.: beige Liste 4 vorlegen*

Wir wechseln das Thema unseres Interviewgespräches. Ich lese Ihnen jetzt noch einmal ein paar ganz andere Fragen vor. Sagen Sie mir bitte jedesmal mit Hilfe der Skala auf der Liste, wie Ihre Einstellung dazu ist.

INT.: Fragen A bis G vorlesen, jeweils Skalenwert einkreisen

INT.: zu jeder Frage einen Skalenwert notieren

A	Wenn Sie ein Zimmer zu vermieten hätten, inwieweit würden Sie einen Asylanten als Untermieter nehmen?	1 / 2 / 3 / 4 / 5	1 2
B	Inwieweit würden Sie einen Asylanten als Arbeitskollegen akzeptieren?	1 / 2 / 3 / 4 / 5	1 3
C	Inwieweit wäre Ihnen ein Asylant als Nachbar recht?	1 / 2 / 3 / 4 / 5	1 4
D	Inwieweit würden Sie einem Asylanten Ihre Kinder für einige Stunden zur Aufsicht anvertrauen?	1 / 2 / 3 / 4 / 5	1 5
E	Inwieweit wären Sie damit einverstanden, daß ein Asylant in Ihre Familie einheiratet?	1 / 2 / 3 / 4 / 5	1 6
F	Inwieweit würden Sie einen Freund von Ihnen mit einem Asylanten bekannt machen?	1 / 2 / 3 / 4 / 5	1 7
G	Wenn einer Ihrer Bekannten eine Arbeitsstelle zu besetzen hätte, inwieweit würden Sie ihm dann einen Asylanten empfehlen?	1 / 2 / 3 / 4 / 5	1 8

9

Anlage 11

Im Sommer 1993 setzte die GFM-Getas erstmals auch Laptops, also tragbare Computer, für Umfragen ein. Und statt Fragebögen schickte die Gesellschaft den Interviewern jetzt Disketten für die Laptops. Doch die neue Technik fand wenig Resonanz. Sie bedeutete zwar eine wesentliche Arbeitserleichterung, war aber in der Praxis kaum anwendbar.

Denn die Befragten reagierten dem Laptop gegenüber äußerst mißtrauisch, oft kam es zu Abbrüchen. Wer sieht schon gerne dabei zu, wie etwa die Einkommensverhältnisse in den Computer eingetippt werden? Oder die sexuellen Vorlieben? Und das alles mit Namen und Adresse.

In den Fragebögen betonen die Gesellschaften, daß sie in ihrem Hause die persönlichen Daten von den Antworten trennen würden und die Antworten anschließend immer anonym an den Auftraggeber weiterleiten würden. Doch wie hielten sie es mit den Disketten?

Darüber hinaus sagt die Versicherung der Meinungsforschungsinstitute, daß sie die persönlichen Daten niemals an den Auftraggeber weitergeben würden, nichts darüber aus, wie die Gesellschaften mit den Daten umgehen. Zumindest werden die Namen und Adressen über mehrere Wochen hinweg in den Instituten gespeichert – für die notwendigen Kontrollen. Aber werden sie anschließend auch gelöscht?

Im Januar 1994 fiel Angelika Schmidt alias Heiner Dorroch bei einer Kontrolle auf: Keines der für eine Studie von mir durchgeführten Interviews sei bestätigt worden. Ich solle dazu Stellung nehmen.

Trotz dieses gravierenden Befundes beschäftigte die GFM-Getas mich weiterhin in ihrem Interviewerstab, bezahlte meine erledigten Aufträge und schickte mir zwischen Januar und Juni 1994 noch fünf Aufträge zu. Darüber hinaus erhielt ich zwischen Februar und Mai 1994 acht Ankündigungsschreiben, in denen die GFM-Getas um meine Mitarbeit bat. Das Meinungsforschungsinstitut signalisierte damit, daß es eher negative Kontrollen in Kauf nahm, als auf meine Interviewertätigkeit zu verzichten.

Angelika Schmidt war auch im Juni noch offizielles Mitglied im Stab; sie schied weder freiwillig aus, noch kündigte ihr die GFM-Getas.

5. IFAK

oder Nebensätze kosten Zeit

Von Oktober 1976 arbeitete ich bis zu meinem freiwilligen Ausstieg im März 1994 ununterbrochen als Interviewer für die IFAK, das Institut für Markt- und Sozialforschung in Taunusstein. Die Zusammenarbeit mit diesem Institut gestaltete sich unproblematisch, denn die Zentrale war lange sehr zufrieden mit mir. Erst nach zehn Jahren erreichte mich zum erstenmal Kritik an meinen Arbeitsergebnissen.

Die Fragebögen der IFAK hatten den Umfang kleiner Broschüren, und wer so unvorsichtig war, sie vorzuzeigen, der durfte mit einem schnellen Rückzug der Befragungsperson rechnen. Daher war es für einen Interviewer immer günstiger, die Leute wenig zu fragen, denn dann konnten sie auch nichts verweigern.

Schon früh bemerkte ich, daß die Kontrollen der IFAK meiner Arbeitsmethode entgegenkamen: Für die Kontrolleure der IFAK reichten nämlich die Absicherungskontakte aus. Wer da vor Ort den qualifizierten Interviewer mimte und den Kontakt gut sicherte, der hatte die IFAK überzeugt.

So betrachtet war die Arbeit für die IFAK sehr angenehm, besonders für den erfahrenen Interviewer. Vor Ort wurde das gefragt, was wir Interviewer für wichtig und erfragenswert hielten. Die soziographischen Daten der befragten Person schätzten wir ein, wenn sie die Angaben verweigerte. Und das geschah fast immer. Allerdings mußte der Interviewer im Fragebogen der IFAK vermerken, daß er geschätzt hatte.

Die in den Fragebögen eingeräumte Möglichkeit: »Bitte, schätzen!« oder »Interviewer: Wenn Sie trotz Nachfrage keine Antwort erhalten, schätzen Sie bitte selbst!« inspirierte die professionellen Interviewer geradezu. Sie schätzten nach Gutdünken, so daß schließlich nichts mehr stimmte.

Das verkürzte die Interviewdauer erheblich und lohnte sich daher auch finanziell: Ein Durchschnittsinterview für einen kurzen Bogen konnte eine halbe Stunde dauern. Es war aber auch in 20 Minuten machbar. Hingegen konnte man bei langsamen Gesprächspartnern oder wenn es viel Erklärungs- oder Motivierungsbedarf gab, auch auf 40 Minuten Interviewdauer kommen. Wenn die IFAK für einen ausgefüllten Bogen 4,50 Mark zahlte, dann war es schon ein großer Unterschied, ob der Interviewer dieses Honorar für 20, 30 oder 40 Minuten erhielt.

Denn so summierten sich drei 20-Minuten-Interviews zu 13,50 Mark. Damit konnte der Interviewer seinen Stundenlohn gegenüber zwei 30-Minuten-Interviews, für die er 9 Mark erhielt, um 50 Prozent erhöhen, gegenüber einem 40-Minuten-Interview sogar um 100 Prozent.

Bei der IFAK wichen die für ein Interview angegebenen Zeiten immer erheblich vom tatsächlichen Verlauf ab. Der Interviewer war daher gut beraten, mindestens eine Stunde einzuplanen, wenn die IFAK 20 Minuten angab.

Nur kurze Bögen ließen sich schnell erledigen, doch sie waren mit 4,50 bis 5 Mark schlecht honoriert. Und dieser Honorarsatz blieb über zehn Jahre lang unverändert. Um einen akzeptablen Stundenlohn zu erreichen, mußte der Interviewer daher den »Ausstoß« an fertig ausgefüllten Fragebögen erhöhen.

Für ein besseres Honorar hätten die Interviewer sicherlich etwas sorgfältiger gearbeitet. So aber übersahen sie geflissentlich die fettgedruckte Ermahnung in den Bögen:

»Interviewer, nachfassen und die Befragungsperson zu ausführlichen Antworten ermuntern!«

Das IFAK-Meinungsforschungsinstitut arbeitete gerne mit »offenen Fragen«. Für den Interviewer sind solche Bögen immer mit erheblichem Arbeitsaufwand verbunden, denn hier muß er die Urteile und Meinungen der Befragten wortwörtlich notieren. Wenn die Leute aber keine Meinung zu einem Produkt hatten, mußte er ihnen die Antworten in den Mund legen. Denn daß *eine* Befragungsperson das Produkt nicht kannte, war für Meinungsforschungsgesellschaft und Auftraggeber noch hinnehmbar, bei der zweiten aber wurde es schon kritisch.

Besonders bei Fragen mit sogenannten eingebauten »Halo-Effekten« verstummten die Befragungspersonen: Das waren Suggestivfragen, also Fragen, die durch die Fragestellung den Antwortenden beeinflussen wollten, wie zum Beispiel bei einer Formulierung der Frage mit: »Sind Sie auch der Ansicht, daß...«

Doch der Befragte hatte sich noch nie mit dem Thema auseinandergesetzt, er hatte keine Meinung dazu, weder eine positive noch eine negative. So mußte der Interviewer also am Schreibtisch die Mehrarbeit bewältigen. Tagelang saß ich oft über meinen Bögen und hoffte auf gute und glaubwürdige Einfälle. Dazu hatte ich mir im Laufe der Jahre eine Sammlung mit Standardantworten angelegt, die ich immer zu Rate zog. Daneben bewährte sich hier auch die Zusammenarbeit in der Gruppe, denn gemeinsam waren wir kreativer.

In unserer Phantasie entwickelten wir Befragungspersonen und Charaktere, mit denen wir dann fiktiv zu plaudern begannen. Das war nicht einfach, denn spezielle Bögen, die sich zum Beispiel an bestimmte Berufsgruppen richteten, mußte man sehr sachverständig ausfüllen, um nicht aufzufallen. Doch wie sollte ich mich in die Psyche eines Posaunenbläsers einarbeiten? Ich bin noch keinem begegnet.

Meine fiktiven Befragungspersonen waren immer sehr kurz angebunden. Ich beschränkte mich auf eine knappe Beurteilung, Nebensätze ließ ich weg, denn sie kosteten zuviel Zeit.

Auch das, was meine tatsächlichen Zielpersonen mir antworteten, schrieb ich entgegen den Richtlinien, die wortgetreue Zitate forderten, nur verstümmelt in die Freifelder: »Benutzt Auto«, notierte ich da zum Beispiel statt der vollständigen Antwort: »Ich benutze hauptsächlich meinen Wagen.«

Das war schon eine Verzerrung der Antwort, denn mit meinem Zitat gab ich die feine Nuance »hauptsächlich« nicht wieder. Vielleicht hatte die Zielperson aber auch geantwortet, sie fahre mit »öffentlichen Verkehrsmitteln« oder mit »Straßenbahn und Zug« zur Arbeitsstelle.

Diese Antwort zu notieren, bedeutete für den Interviewer erheblich mehr Zeitaufwand, zumal er auch in Blockschrift schreiben sollte. 25 Buchstaben haben die Wörter »öffentliche Verkehrsmittel«. Die »Straßenbahn« mit 11 Buchstaben und das »Motorrad« mit 8 sind im Vergleich zum »Auto« (4) und dem »Bus« (3) immer noch sehr lang. Jeder Interviewer drückte sich also vor langen Wörtern. Oder sie wurden zerstückelt, abgekürzt und aus dem Satzzusammenhang gerissen, und das besonders dann, wenn der Abgabetermin nahte.

Meine Befragungspersonen schienen daher zumeist auch sehr konservativ in dem Sinne zu sein, daß sie an ihren Lebensgewohnheiten festhielten und die Veränderung scheuten. So wechselten sie nie die Kaffeesorte, tranken immer das gleiche Bier und rauchten immer die gleiche Zigarettenmarke. Denn auch hier galt, daß eine Aussage wie: »Ich trinke lieber Exportbier, aber manchmal habe ich Lust auf etwas Herbes. Dann greife ich auch schon mal zum Pils« für den Interviewer erheblich mehr Zeit in Anspruch nimmt als: »Ich trinke Exportbier.«

So entwickelte sich in meinen Fragebögen oft ein »IFAK-Modellviertel«: Die Berufstätigen dort fuhren vorwiegend mit dem Auto; das Motorrad oder das Fahrrad waren verpönt. Die älteren Bürger fuhren kaum mit der Straßenbahn, dafür aber um so mehr mit dem Bus. Die Bewohner hielten eisern einer Kaffeesorte die Treue, und bei den Biersorten bevorzugten sie Pils oder Alt. Damit hier die soziographischen Daten auch plausibel waren, schätzte ich das Monatseinkommen der Menschen in meinem Modellviertel auf mindestens 2000 bis 3000 Mark.

Die Fragebögen verlangten oft auch Auskunft über sehr intime Details der Menschen, Details, die kaum abfragbar waren, das wußte ich aus Erfahrung. Doch die dafür vorgesehenen Freifelder mußten gefüllt werden, und nur der Interviewer, der diese Freifelder ausfüllte, produzierte qualitativ ergiebige Bögen. Daher war IFAKs demoskopische Qualität dann am besten, wenn viele erfahrene Interviewer an einer Umfrage teilnahmen.

Mit den scharfen Kontrollen, die die Gesellschaft ihren Interviewern immer ankündigte, mußte IFAK meine Arbeitsweise schnell erkannt haben. Sie hätten nicht nur mich, sondern auch unsere komplette Gruppe entlassen müssen. Denn wir alle hatten Methoden entwickelt, die zwar sehr kreativ und phantasievoll waren, aber mit Wissenschaft nichts mehr zu tun hatten. Doch die IFAK honorierte alle Aufträge.

Die Begehungsvorschriften der IFAK ließen den Interviewern viel Freiräume: Die Gesellschaft schickte mir zum Beispiel vorgedruckte Listenblätter zu und forderte mich auf, 20 Zielstraßen zu ermitteln. Sie erwartete, daß ich die Auswahl »breit gestreut« aus dem Straßenverzeichnis abschrieb. Doch wie war »breit gestreut« zu verstehen? Hier gab es keine Klarstellung der IFAK, genausowenig, wie etwa bestimmte Stadtviertel vorgeschrieben gewesen wären. Jeder Interviewer wählte also die Straßen aus, die er für richtig hielt. Wie er dabei vorging, ob er »breit streute« oder nur seine Nachbarschaft auflistete, lag in seinem Ermessen.

Ich notierte zumeist die Straßen eines ruhigen Wohnviertels mit gepflegten Mehrfamilienhäusern in der Liste. Dort lagen die Häuser nicht zu weit auseinander, und ich hatte pro Haus vier bis sechs Haushalte zur Auswahl – wichtig für rationelles Arbeiten. Aus diesem Gebiet also holte ich heraus, was ich für den »repräsentativen Querschnitt« hielt.

Manchmal erhielten die Interviewer auch einen »Adressenermittlungsauftrag« der IFAK mit angegebenen Straßen an ihren Wohnorten. Dann gingen die Interviewer in diese Straßen und schrieben einfach die Namen von den Hausklingeln ab.

Die professionellen Interviewer aber beschränkten sich bei diesen Listen der IFAK nur auf eine kleine Auswahl der Straßen. Dort notierten sie dann den tatsächlichen A. Schmidt und konstruierten dazu noch einen fiktiven und leicht variierten B. Schmitz. Für die Kollegen, die später die Umfrage durchführten, hatte diese frisierte Liste den Vorteil, daß sie daraus mehrere Interviews ziehen konnten. Und die professionellen Interviewer wußten diesen Vorteil zu nutzen.

IFAK gab den Interviewern aber auch Adressen von Haushalten vor, die befragt werden sollten. In den Empfehlungsschreiben, die die IFAK zuvor diesen Haushalten zugeschickt hatte, stellte sie sich als großes deutsches Marktforschungsinstitut vor, das die Einstellung der Menschen zu Dingen des täglichen Lebens erforsche. Die zu befragenden Haushalte hätte die IFAK nach einem wissenschaftlichen Zufallsprinzip gefunden, stand in dem Brief:

»Diesmal wurde Ihr Haushalt ausgewählt.« (Vgl. Anlage 12)

Dieses Empfehlungsschreiben der IFAK wäre dann richtig gewesen, wenn man die Adresse wie bei einer Lotterie aus einer Trommel mit allen Anschriften des Stadtviertels herausgezogen hätte. Doch so war es nicht, denn meistens ermittelten die Interviewer diese Adressen nach den oben beschriebenen Vorgaben.

Die IFAK zahlte für Umfragen am Wohnort keine Spesen und kein Kilometergeld. Sie erwartete vielmehr von ihrem Interviewer, daß er die Umfrage in seiner Nachbarschaft durchführte. So hieß es zum Beispiel im Anschreiben der IFAK für eine Mehrthemenbefragung (vgl. Anlage 13):

»Bei einem Einsatz an Ihrem Wohnort werden keine zusätzlichen Fahrtauslagen bezahlt, da die Interviews in diesem Fall in unmittelbarer Nähe Ihres Wohnsitzes durchzuführen sind.

IFAK
Ifak Institut GmbH & Co.
Markt- und Sozialforschung

Taunusstein (Neuhof)

Mitglied des Arbeitskreises Deutscher Marktforschungsinstitute
Telegramme: ifak taunusstein

IFAK ———————— Taunusstein

Sehr geehrte Dame,
sehr geehrter Herr,

als großes deutsches Marktforschungsinstitut stellen wir durch regelmäßige Umfragen der deutschen Bevölkerung die "öffentliche Meinung" zu aktuellen Tagesfragen und die Einstellung zu Dingen des täglichen Bedarfs fest. Da wir nicht alle Bürger der Bundesrepublik befragen können, werden jeweils nach einem wissenschaftlich/statistischen Zufallsprinzip einige Haushalte bzw. Zielpersonen ausgewählt, die befragt werden müssen, damit das Ergebnis für alle Einwohner repräsentativ ist.

Diesmal wurde Ihr Haushalt ausgewählt.

Unser nebenberuflicher Mitarbeiter wird sich in den nächsten Tagen an Sie wenden, um Ihnen einige Fragen zu stellen.

Selbstverständlich ist eine mißbräuchliche Verwendung Ihrer Angaben ausgeschlossen. Der Interviewer ist verpflichtet, das Interview streng geheim zu halten, und wir geben Daten nur als Durchschnittswerte an unsere Kunden weiter. Niemand erfährt also Ihre Anschrift.

<u>Bitte wenden!</u>

Anlage 12

2. Fragebogen-Split-Version II

Berechnen Sie für jedes mit der Fragebogen-Split-Version II korrekt durchgeführte und termingerecht abgesandte Interview vom

Typ 1 (= Interview mit einer nicht haushaltsführenden Person, wenn also die Fragenkomplexe D und E entfallen und das Interview nach Frage B13 mit der Statistik fortgesetzt wird)   DM 10,50

Typ 2 (= Interview mit einer haushaltsführenden Person, die lt. Frage D2 keine frischen Champignons kauft oder der letzte Kauf länger als 3 Monate zurückliegt und deshalb das Interview nach Frage D3, bzw. D4 mit der Frage D24 fortgesetzt wird)   DM 11,50

Typ 3 (= Interview mit einer haushaltsführenden Person, die lt. Frage D2 innerhalb der letzten 3 Monate frische Champignons gekauft hat und deshalb der gesamte Fragenkomplex D abgefragt werden muß)   DM 13,50

ACHTUNG ! SEHR WICHTIG !

Aus abrechnungstechnischen Gründen bitten wir Sie, die Interviews mit der Fragebogen-Split-Version II unter der Befragungs-Nr. 592 abzurechnen

Ein zweites Abrechnungsformular liegt dieser Sendung bei!

Sollten wir Sie außerhalb Ihres Wohnortes (siehe vorgegebenen Einsatzort auf der Adressenliste!) eingesetzt haben, erhalten Sie zusätzlich pro durchgeführtes Interview eine Fahrtkostenpauschale.

Diese beträgt bei einer einfachen Entfernung "Wohnsitz/Einsatzort"

    ab 5 bis einschl. 9 km   DM 1,50
    ab 10 bis einschl. 19 km   DM 3,--
    ab 20 bis einschl. 29 km   DM 5,--
    ab 30 bis einschl. 40 km   DM 7,--

Listen Sie bitte die Fahrtstrecke auf der Rückseite des Abrechnungsformulars auf. Übertragen Sie anschließend den Gesamtbetrag in die Spalte "Aufwandsentschädigung/Fahrtkostenpauschale" auf das Abrechnungsformular.

Angenommen, Ihr Einsatzort ist 15 km von Ihrem Wohnort entfernt und Sie führen alle 14 Interviews durch, so ist der Gesamtbetrag in Höhe von DM 42,-- einzusetzen.

Bei einem Einsatz an Ihrem Wohnort werden keine zusätzlichen Fahrtauslagen bezahlt, da die Interviews in diesem Fall in unmittelbarer Nähe Ihres Wohnsitzes durchzuführen sind.

Bitte weichen Sie deshalb auf einen günstiger gelegenen Startpunkt aus, falls wir Ihnen am Wohnort eine zu weit entfernte Straße vorgegeben haben.

Anlage 13

Bitte weichen Sie deshalb auf einen günstiger gelegenen Startpunkt aus, falls wir Ihnen am Wohnort eine zu weit entfernte Straße vorgegeben haben.«

Diese Bedingung, Fahrtkosten zu sparen, band den Interviewer an sein Wohnviertel und verzerrte dadurch die gesamte Umfrage. Denn jahrelang kontaktete und befragte der Interviewer immer dieselben Menschen in denselben Straßen, auf Kosten der Repräsentativität.

Wie überhaupt zu fragen ist, inwieweit ein Wohnviertel den repräsentativen Querschnitt der Bevölkerung oder einer bestimmten Bevölkerungsgruppe darstellen kann. Weder das typische Arbeiterviertel »A« noch das wenige Kilometer entfernte typische Angestelltenviertel »B« repräsentieren den demographischen Querschnitt der Bevölkerung. Allenfalls erhält die Meinungsforschungsgesellschaft ein mehr oder weniger willkürliches Meinungsbild, wohl eher nur einen Meinungssplitter, der völlig wertlos für das strukturelle Meinungsklima ist.

Bei der IFAK verwendeten wir zunächst immer die konventionellen Fragebögen, das heißt, es gab keine komplizierten Netzstrukturen in den Bögen, vielmehr mußte der Interviewer die Antworten umkreisen. Bei netten, kooperationsbereiten Leuten zog ich daher den Bogen aus der Tasche, kringelte ein bißchen zwischen Tür und Angel und erledigte den Rest zu Hause. Ein mittlerer Kringelbogen war schnell gemalt, besonders dann, wenn man sich weigerte, die großen Textblöcke vorzulesen.

Später lieferte die IFAK nur noch maschinell auswertbare Strichelbögen. Die Strichelbögen bedeuteten für Interviewer längere Ausfüllzeiten, weil sie die Striche sorgfältig und gerade ziehen mußten. Das aber war zwischen Tür und Angel nicht und selbst auf den obligatorischen Telefonschränkchen in bundesdeutschen Haushalten kaum möglich.

Die Kästchen waren winzig, maßen oft höchstens vier mal einen Millimeter. Die Striche mußten langsam und sorgfältig von der linken zur rechten Kante gezogen werden (vgl. Anlage 14). Das war bei einem Kästchen sicherlich noch problemlos zu erledigen, beim Hundertsten aber zitterte die Hand schon leicht, so daß der Wechsel der IFAK von den konventionellen »Kringelbögen« zu »Strichelbögen« für uns Interviewer eine Katastrophe war.

Für die Gesellschaft hatten die Bögen den Vorteil, daß der Computer sie ablesen konnte: Die Kringel mußten nicht mehr von Menschenhand in den Computer eingegeben werden, der sie dann auswertete. Vielmehr las der Computer die Bögen jetzt selbst ab. Ablesen und Auswerten waren mithin ein maschineller Arbeitsgang, die Strichelbögen sparten Personalkosten.

Für uns aber bedeuteten sie eine immense Mehrarbeit: Einen dünnen Kringelbogen füllten wir in durchschnittlich sieben Minuten aus. Doch bei einem sorgfältig ausgefüllten Strichelbogen verdoppelte sich unsere Ausfüllzeit.

Denn das Lesegerät warf flüchtig bearbeitete Bögen hinaus, weil es nicht imstande war, unsaubere Striche zuzuordnen. Je mehr feine und saubere Striche der Interviewer aber ziehen mußte, desto unsicherer wurde seine Hand, desto größer der »Ausschuß« der Maschine. Das war bei den herkömmlichen Kringelbögen anders gewesen: Die Auswerter in den Zentralen hatten unsauber gekringelte Bögen hingenommen, so lange sich der Kringel eindeutig zuordnen ließ.

Gegen die »Strichelbögen« wehrten sich die Interviewer, indem sie kürzten: Besonders in den von Kästchen

Nr.	Frage	Antwort	Weiter mit Frage
M3	(INT.: Grünen Kartensatz erneut mischen und zusammen mit Skala zu Frage M3 übergeben!) Kommen wir jetzt auf die Mercedes-Benz-Pkw zu sprechen. Hier auf diesen Kärtchen stehen eine Reihe von Merkmalen und Eigenschaften. Bitte überlegen Sie sich bei jeder Eigenschaft, wie gut sie auf die Pkw von Mercedes-Benz zutrifft oder nicht. Sie können dabei pro Eigenschaft zwischen 1 und 10 Punkte vergeben. Je mehr eine Eigenschaft nach Ihrer Meinung auf die Mercedes-Benz-Pkw zutrifft, um so mehr Punkte sollten Sie vergeben.		

Mercedes-Benz-Pkw:

Trifft überhaupt nicht zu 1 2 3 4 5 6 7 8 9 Trifft voll u. ganz zu 10

1. Gute Verarbeitungsqualität ....
2. Sichere Fahreigenschaften, auch bei schlechter Witterung ....
3. Hohe Unfallsicherheit ....
4. Hohe Zuverlässigkeit ....
5. Geringe Reparaturanfälligkeit .....
6. Zukunftsweisende Technik ....
7. Schadstoffarmer Motor ....
8. Wiederverwertbare Materialien ....
9. Niedrige Unterhaltskosten ....
10. Geringer Kraftstoffverbrauch .....
11. Bequemes, komfortables Auto ......
12. Geschmackvolle Inneneinrichtung ...
13. Sportliche Fahreigenschaften ......
14. Leistungsstarker Motor ....
15. Ansprechendes Aussehen ....
16. Ein Auto, mit dem man sich sehen lassen kann ....
17. Ein Auto, in dem man sich geborgen fühlt ....
18. Ein Auto, das zur eigenen Persönlichkeit paßt ....
19. Ein Auto, das beim Fahren großen Spaß macht ....
20. Ein Innenraum, in dem man sich wohlfühlt ....

Anlage 14

übersäten Seiten, die oft wie engmaschige Fliegengitter aussahen, strichelten sie nur noch wenig an. Dabei überzeugten sie sich auch kaum noch davon, ob die unterschiedlichen Striche stimmig und damit logisch auswertbar waren. Wenn zu viele Netzgebilde das Arbeitstempo zu reduzieren drohten, dann konnte man nur noch malen, ohne weiter darüber nachzudenken.

Die IFAK vergab oft Aufträge, die das Medienverhalten der Menschen analysieren sollten. Doch die Fragebögen waren extrem kompliziert und wären selbst bei hoher Akzeptanz der Zielpersonen kaum abfragbar gewesen; 160 Punkte umfaßte zum Beispiel im März 1987 ein solcher Mediabogen. Darin befand sich die Frage nach 22 Fernsehsendern, die anhand einer fünfstufigen Treppe aufzuschlüsseln waren (vgl. Anlage 15). Die gleiche Prozedur mußte der Interviewer in der nächsten Frage für 55 Radiosender vom »Sender Freies Berlin I« bis zum »Südtiroler Rundfunk Brenner« wiederholen.

Doch der Fragebogen wollte auch noch wissen, zu welcher Tageszeit welcher Sender gehört wurde. Und das doch bitte aufgeschlüsselt anhand eines minutiösen Tagesablaufplanes (vgl. Anlage 16). Mit seinen 5500 winzigen Kästchen gleicht dieser Tagesablaufbogen eher einem Millimeterblatt für technische Zeichner. Das Tagesablaufprotokoll beginnt mit 5 Uhr morgens und schließt mit 24 Uhr. Diese waagerecht verlaufenden Uhrzeitreihen kreuzen senkrecht verlaufende Tätigkeitsspalten. Dort sind Tätigkeiten aufgelistet wie zum Beispiel Körperpflege, Studium, Freizeit und Einkaufen, Radiohören und Fernsehschauen. Zu Beginn war auch der »Beischlaf« in diesem Tagesablaufprotokoll aufgeführt. Später strich die IFAK diese »Tätigkeit« ersatzlos.

KOMPLEX G

Seite 3/7784

Ich möchte mich mit Ihnen über Radio und Fernsehen unterhalten, weitgehend allgemein, aber auch teils etwas spezieller.

G1 Ist Ihre Wohnung an eine Großantenne über Kabel oder eine Kabelanlage angeschlossen?

Ja........ ☐   Nein........ ☐   Weiß nicht ..... ☐

G2 (INT.: Fernsehkarten übergeben und Antworten im Fragebogen strichein!)
Auf diesen Karten sind Erkennungsfiguren für die verschiedenen Fernsehsender bzw. Fernsehprogramme abgebildet. Welche Sender können Sie in Ihrer Wohnung empfangen?

G3 Und könnten Sie mir bitte auch sagen, welche von diesen Fernsehprogrammen Sie regelmäßig, häufig, selten oder so gut wie nie sehen?

	Kann empfangen	Regelmäßig	Häufig	Selten	So gut wie nie

Fernsehsender/-programme

1. ARD Erstes Deutsches Fernsehen
2. Bremer Fernsehen (Radio Bremen)
3. Norddeutscher Rundfunk (Hamburg)
4. Westdeutscher Rundfunk (Ute Schnute Kasimir)
5. Hessischer Rundfunk Frankfurt (Onkel Otto)
6. Saarländischer Rundfunk Saarbrücken
7. Südwestfunk Baden-Baden/Südfunk Stuttgart

8. Bayerischer Rundfunk München
9. Sender Freies Berlin
10. ZDF Zweites Deutsches Fernsehen Mainz
11. 3. Fernsehprogramm der Nordkette
12. 3. Fernsehprogramm des Westdeutschen Rundfunks
13. 3. Fernsehprogramm des Hessischen Rundfunks
14. Südwest 3 - Fernsehen

15. 3. Fernsehprogramm des Bayerischen Rundfunks
16. RTL-Plus Deutschsprachiges Programm Luxemburg
17. Kabelanschluß
18. SAT 1
19. Sky Channel
20. 3-SAT
21. ARD Eins-Plus
22. Sonstige Fernseh-Programme

Anlage 15

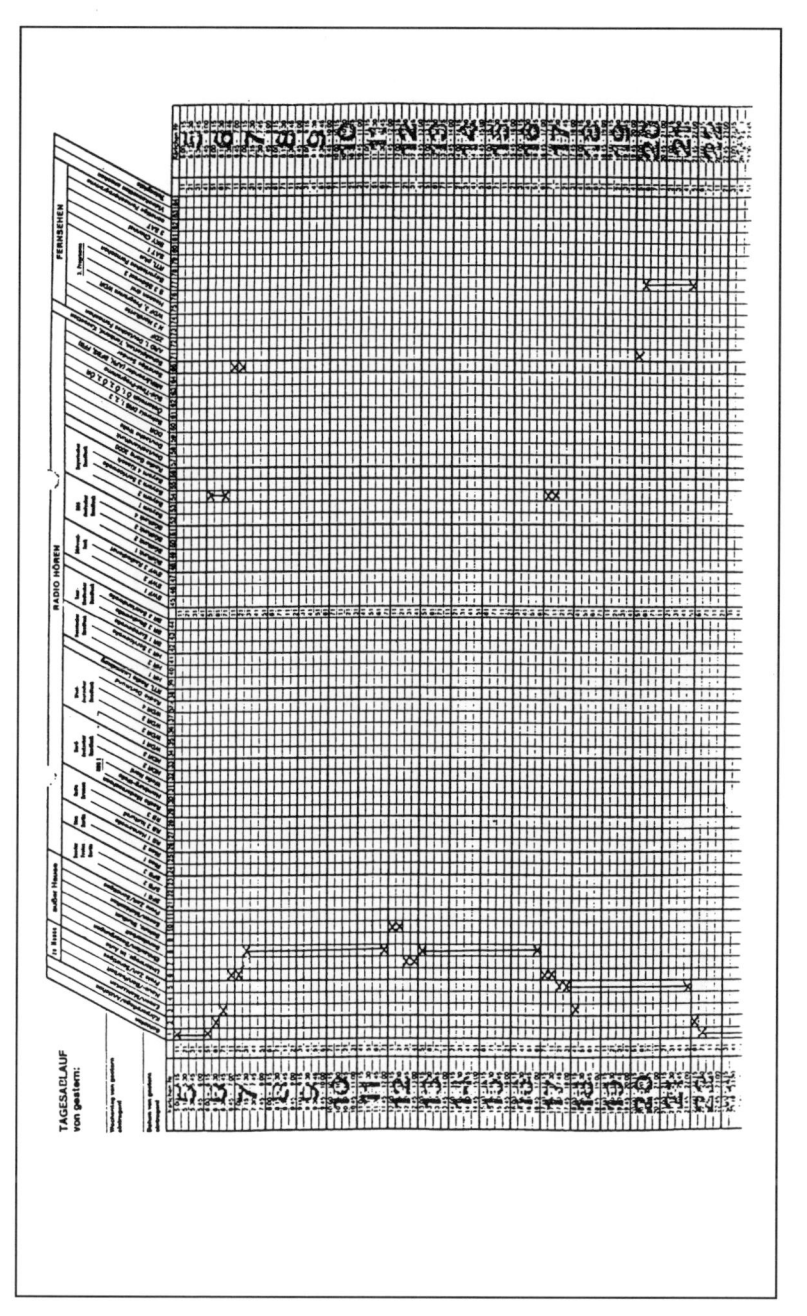

Anlage 16

Bei einem derartig minutiösen Tagesablaufprotokoll war selbst die auskunftsfreudigste Zielperson nicht mehr bereit, zu kooperieren. Der Interviewer konzentrierte sich daher in aller Regel auf den Radio-Fernseh-Teil der Umfrage, den Rest füllte er zu Hause am Schreibtisch aus.

Hatte der Interviewer diesen Teil des Mediabogens nach bewährter Methode mit einigen Kernfragen glücklich gemeistert, so lauerte spätestens bei Frage »G 32« der Abbruch:

»Wenn Sie bitte einmal an die letzten 12 Monate denken: Haben Sie in dieser Zeit ein- oder mehrmals einen Arzt aufgesucht?«

Die Mediabögen entpuppten sich oft als »Omnibusse«: Sie fragten neben dem Medienverhalten neue Produkte und Markenartikel ab, kümmerten sich um Wohnungsrenovierungen und Heiratsabsichten, um Arztbesuche und Medikamenteneinnahme. Kein Interviewer wagte es, solche Fragebögen vorzulesen. Doch Kritik an der Zusammenstellung der Bögen bewirkte nie eine Veränderung, weshalb die meisten Interviewer schließlich resignierten.

Die IFAK überprüfte die Mediainterviews besonders streng. Sie schrieb die von uns befragten Haushalte an und bat um Bestätigung, ob ein Interviewer der IFAK in dem Haushalt gewesen sei. Wie lange der Interviewer dort gewesen sei, wollte die IFAK wissen, und ob er Listen oder Kärtchen vorgelegt habe.

Bei der Media-Analyse war zum Beispiel auf je einer Karte der Titelschriftzug einer großen überregionalen Wochenzeitung, einer Illustrierten oder eines politischen Magazins abgedruckt, also etwa »Der Spiegel«, »stern«, »Die Zeit«, »BILD am Sonntag«, »Handelsblatt«, »Capital«, »manager magazin«, »Playboy«, »Neue Revue«, »ADAC

Motorwelt«. Der Befragte mußte sich diese Karten unter einer bestimmten Fragestellung betrachten.

Bis heute habe ich ununterbrochen über 17 Jahre lang Interviews für die IFAK durchgeführt, aber Listen oder Kartenspiele habe ich den Befragten selten gezeigt. Vielleicht zeigte ich ein oder zwei Karten, wohl wissend, daß die IFAK die Menge der vorgelegten Karten nicht kontrollieren konnte.

Das war der IFAK bekannt, denn wenn die befragten Haushalte sich die Mühe machten und die Kontrollbriefe zurückschickten, dann antworteten sie wahrheitsgemäß. Und das hieß: Der Interviewer sei eine Viertelstunde bei ihnen gewesen, wo die IFAK eine Stunde veranschlagt hatte. Ob ihnen Kärtchen vorgelegt worden seien, daran könnten sie sich nach Wochen nicht mehr erinnern.

Auch die IFAK führte fast jährlich Autoumfragen durch. Im November 1988 suchte das Institut Neuwagenkäufer, deren Fahrzeuge ab Januar 1986 erstmals zugelassen worden waren.

Einen Teil der Fragen mußten die von uns recherchierten Neuwagenbesitzer selbst ausfüllen. Auch hier war es wie bei der GFM-Getas: Die Plausibilität der Aussagen garantierte allein der Interviewer, der mit Hilfe der aktuellen Checklisten die Fragebögen an Stelle des Fahrzeugbesitzers zu Hause ausfüllte.

Die Fragen, die der Neuwagenbesitzer zusammen mit dem Interviewer ausfüllen sollte, waren kompliziert: Um den Bekanntheitsgrad der verschiedenen Fahrzeugtypen zu messen, hieß es zum Beispiel in dem IFAK-Bogen:

»Ich bin schon einmal in einem Auto dieser Marke mitgefahren.«

Ein klarer Satz. Er mußte jedoch zwölfmal durchdacht werden auf zwölf verschiedene Automarken hin. Oder es waren neun Aussagen in bezug auf sieben unterschiedliche Fahrzeugtypen zu beurteilen (vgl. Anlage 17).

Mit den Ergebnissen meiner Umfrage war die IFAK nicht zufrieden. Wie bei der GFM-Getas trug mir die Autostudie die massive Kritik von Kontrolleuren der Gesellschaft ein bis hin zum Vorwurf, die Fragebögen selbst ausgefüllt zu haben (vgl. Anlage 18).

Aber im Gegensatz zur GFM-Getas kündigte mir die IFAK nicht. Das aber hätte sie logischerweise tun müssen, und zwar eigentlich schon wenige Monate nach meiner Einstellung. Denn schon 1976 kontrollierte die IFAK. Schon damals erkannte sie anhand der zurückgeschickten Kontrollbriefe meine Arbeitsweise: Kernfragen stellen und die Kontakte gut absichern.

1988 gehörte ich zwölf Jahre ununterbrochen als Interviewer dem IFAK-Stab an. Zwölf Jahre lang kontrollierte mich die IFAK. Und zwölf Jahre lang war sie mit meiner Interviewertätigkeit zufrieden, denn sie honorierte alle meine Umfragen. Auch die kritisierte Umfrage unter Neuwagenkäufern.

Auf die Kritik der IFAK vom 14. Dezember 1988 an meiner Umfrage zum Thema »Neuwagenkäufer« antwortete ich in meinem Brief vom 20. Dezember 1988 unter anderem (Anlage 19):

»Leider ist es so, daß man Fragebögen immer selbst ausfüllen muß.«

Mein Geständnis sollte ohne Folgen für meine Interviewertätigkeit bei der IFAK bleiben. Obwohl die Kritik vom 14. Dezember eindeutig darauf hinwies, daß die IFAK auf die weitere Zusammenarbeit mit mir verzichten würde, wenn ich die Interviews »weiterhin unkorrekt durchführen« würde, sprach sie nicht die Kündigung aus. Im

(13)   AUF VOLLSTÄNDIGKEIT ACHTEN!

STARTBUCHSTABEN ENTSPRECHEND   FALLS NÖTIG, MARKE UND MODELL
DER LISTE KRINGELN   DES BEFRAGTEN EINTRAGEN ↓

VORLESEN ↓		PEUGEOT 306	FORD ORION	MAZDA 323	Neuer VOLKSW. GOLF	CITROEN 2X	OPEL ASTRA	↓ ......
A Scheint eine robuste Mechanik zu haben	trifft zu	1	2	3	4	5	6	7
	trifft nicht zu	1	2	3	4	5	6	7
	W. N.	R	R	R	R	R	R	R
Scheint ein spritziger Wagen zu sein	trifft zu	1	2	3	4	5	6	7
	trifft nicht zu	1	2	3	4	5	6	7
	W. N.	R	R	R	R	R	R	R
Scheint sparsam in der Unterhaltung zu sein	trifft zu	1	2	3	4	5	6	7
	trifft nicht zu	1	2	3	4	5	6	7
	W. N.	R	R	R	R	R	R	R
Scheint eine robuste Karosserie zu haben	trifft zu	1	2	3	4	5	6	7
	trifft nicht zu	1	2	3	4	5	6	7
	W. N.	R	R	R	R	R	R	R
B Hat eine eigene Persönlichkeit	trifft zu	1	2	3	4	5	6	7
	trifft nicht zu	1	2	3	4	5	6	7
	W. N.	R	R	R	R	R	R	R
Formschönes Aussehen	trifft zu	1	2	3	4	5	6	7
	trifft nicht zu	1	2	3	4	5	6	7
	W.N.	R	R	R	R	R	R	R
Hat im Vergleich zu Konkurrenzmodellen einen interessanten Preis	trifft zu	1	2	3	4	5	6	7
	trifft nicht zu	1	2	3	4	5	6	7
	W.N.	R	R	R	R	R	R	R
Scheint gut gegen Rost geschützt zu sein	trifft zu	1	2	3	4	5	6	7
	trifft nicht zu	1	2	3	4	5	6	7
	W.N.	R	R	R	R	R	R	R
Scheint sehr auf Sicherheit ausgerichtet zu sein	trifft zu	1	2	3	4	5	6	7
	trifft nicht zu	1	2	3	4	5	6	7
	W.N.	R	R	R	R	R	R	R

———> WEITER MIT FRAGE 14

Anlage 17

IFAK
Ifak Institut GmbH & Co.
Markt- und Sozialforschung

IFAK · ▇▇▇▇ Taunusstein ▇

▇▇▇
Herrn
Heinrich Dorroch

▇▇▇ Bochum ▇   ↓
                                        14.12.1988

Studie ▇ Neuwagenkäufer

Sehr geehrter Herr Dorroch,

leider fallen Ihre Interviews in der letzten Zeit häufig auf. Bei obiger Studie z.B. gibt es keinen Zweifel daran, daß Sie die Frage 20 nicht abgefragt, sondern vielmehr selbst ausgefüllt haben. Sowohl bei dieser Studie, als auch schon bei vorhergehenden, waren jeweils größere Übereinstimmungen in den einzelnen Fragebogen feststellbar.

Wir werden heute ein letztes Mal über diesen Mißstand hinwegsehen. Sollten Sie die Interviews künftig aber weiterhin unkorrekt durchführen, dann werden wir auf Ihre weitere Mitarbeit verzichten müssen.

Wir hoffen nicht, daß es so weit kommt. Zu einer evtl. Rücksprache stehen wir selbstverständlich gerne zur Verfügung.

Mit freundlichen Grüßen
I F A K - I N S T I T U T
Interviewer-Abteilung

Anlage 18

Heinrich Dorroch   4630 Bochum, dem 20. Dez. 1988

Ifak Institut GmbH & Co

6204 Taunusstein 1

Herrn

Betr.: Ihr Schreiben v. (14. 12. 1988)

Sehr geehrter

    entschuldigen Sie bitte meine kurzen handschriftlichen Reaktionen, die auf beruflichen Zeitmangel zurückzuführen sind.

    Leider ist es so, daß man Fragebögen immer selbst ausfüllen muß, weil die Befragten keinen Schreibstift in die Hand nehmen. Daß mir Fehler unterlaufen, die oft - sofern sie auftreten - durch alle Interviews durchgezogen werden, liegt gewöhnlich in der Natur der Sache.

    Übereinstimmungen gibt es immer, sie sind rasch durch individuelle Eigenheiten des Interviewers erkennbar. Hier kann man nur hoffen, daß Auswerter bzw. Vorgesetzte solche Eigenheiten großzügig übersehen. Der einzelne Interviewer kann sich selbst auch nie so objektiv sehen wie sein Vorgesetzter in der Ferne. Zwischen Interviewern und Vorgesetzten müßte es gelegentlich zu persönlichen Kontakten kommen. Dieser Mangel an persönlichen Kontakten zur Zentrale führt irgendwann zur Entfremdung.

    Zum Abschluß wünsche ich Ihnen ein Frohes Weihnachtsfest und ein gutes Neues Jahr.

Mit freundlichen Grüssen

Anlage 19

Gegenteil: Trotz meines Geständnisses erhielt ich neue umfangreiche Aufträge mit den bekannt komplizierten Strukturen und Hunderten von Fragen.

Im März 1994 beendete ich von mir aus freiwillig meine Zusammenarbeit mit der IFAK.

STEIDL

Düstere Straße 4 · D-37073 Göttingen
Telefax (05 51) 49 60 649

Wenn Sie uns schreiben, schicken wir Ihnen gerne regelmäßige kostenlose Informationen über unser Verlagsprogramm.

STEIDL

6. EMNID
oder Die Strichelkontrolleure

Meine Zusammenarbeit mit EMNID, dem Institut für Marktforschung, Meinungsforschung und Sozialforschung mit Sitz in Bielefeld, gestaltete sich sehr wechselhaft: Sie begann 1975 mit einem kurzen Intermezzo, das sich auf zwei Aufträge beschränkte. Damals stand ich am Anfang meiner Interviewertätigkeit. Ich bemühte mich, nach den Richtlinien der Gesellschaften vorzugehen, doch ich scheiterte sehr schnell an der Kluft zwischen theoretischem Anspruch und der Wirklichkeit vor Ort.

Den ersten Auftrag von EMNID mußte ich unerledigt zurückgeben, weil ich kein Interview geschafft hatte, beim zweiten kam ich auf zwei halbkorrekt ausgefüllte Befragungen. Voller Selbstzweifel, ob ich für die Interviewertätigkeit überhaupt geeignet sei, beendete ich zunächst meine Zusammenarbeit mit EMNID.

Im Mai 1978 hatte ich diese Selbstzweifel nicht mehr. Zweieinhalb Jahre lang arbeitete ich da schon für andere Meinungsforschungsgesellschaften wie die IFAK, INFAS, die GfK, die GFM oder MARPLAN. Also bewarb ich mich auch bei EMNID, allerdings unter dem Namen meiner Frau, Marianne Dorroch.

Ich bekam einen ersten Auftrag zugeschickt, bearbeitete ihn und sandte ihn dann nach Bielefeld zurück. Die Gesellschaft kontrollierte den Auftrag, und eigentlich rechnete ich daraufhin schon mit meiner Kündigung. Denn wenn die von mir Befragten wahrheitsgemäß die

Kontrollkarten oder Kontrollanrufe beantwortet hatten, dann wußte EMNID bereits seit diesem ersten Auftrag für Marianne Dorroch, daß ein Mann die Umfrage durchgeführt hatte. Doch von EMNID kam kein Brief mit der Bitte um Stellungnahme, es kam auch keine Beanstandung, statt dessen aber kam das Honorar.

Bei EMNID mußte der Interviewer sein Befragungsgebiet genau kennen, er mußte wissen, ob er sich in einem Viertel bewegte, das politisch eher »links« oder »rot«, also SPD, wählte, oder ob er in einer eher »konservativen«, »schwarzen«, also CDU-Hochburg war.

Ich habe die politischen Strukturen in den Gebieten, in denen ich für EMNID befragen sollte, immer logisch und plausibel justiert. In einer SPD-freundlichen Stadt im Ruhrgebiet etwa, wo die CDU höchstens in den Aufbaujahren der Bundesrepublik etwas zu bestellen hatte, aber seitdem kontinuierlich Wähler und Mitglieder verlor, in einer derartigen SPD-Hochburg durfte sich der Interviewer keinen Anteil von nur 15 Prozent SPD-Sympathisanten leisten.

Also bog ich meine Umfrageergebnisse immer plausibel hin und bestimmte so den politischen Trend: 60 Prozent SPD, 30 Prozent CDU, 5 Prozent FDP, 5 Prozent DIE GRÜNEN. Von diesem Muster wich ich nie ab, denn damit lag ich selbst dann auf der logischen Linie, wenn zum Beispiel SPD oder CDU tatsächlich einen Einbruch von acht Prozentpunkten hinnehmen mußten. Der erfahrene Interviewer sprach dabei von einer »blinden Bank« und rechtfertigte sich »mit statistischen Ausreißern«, »unkalkulierbaren welt- oder bundespolitischen Ereignissen« und »unwägbaren örtlichen Gegebenheiten«. In den CDU-Hochburgen in Westfalen funktionierte das Verfahren umgekehrt.

Die Analytiker in den Meinungsforschungsgesellschaften hätten unsere Ergebnisse beanstanden müssen, denn spätestens bei Nachbefragungen mußten gravierende Unterschiede deutlich werden. Vielleicht noch nicht bei den 60-30-5-5-Prozent-Mustern. Aber doch bei den unterschiedlichen Bewertungen der einzelnen Politiker. Denn die Beliebtheit eines Politikers beurteilte ich willkürlich: Heute gab ich dem Bundeskanzler die Note »minus 4« und nächste Woche die Note »plus 3«. Und der Führer der Opposition erhielt die Note »minus 2« und eine Woche später die »plus 2«.

Andere Interviewer verstrickten sich ebenso willkürlich in ein von ihnen entwickeltes kompliziertes Zahlenszenario, bei dem sie die Sympathiewerte Woche für Woche geringfügig nach oben oder nach unten korrigierten.

Bei EMNID arbeiteten wir zunächst mit Kringel-, später mit Lesegerätbögen. Darin waren in Hunderten von Kästchen zwei Punkte durch eine gerade senkrechte Linie zu verbinden.

Auch bei EMNID krankten die Fragebögen daran, daß sie zu viele Aussagen auflisteten und die Geduld der Befragten damit überstrapazierten. Erschwerend kam hinzu, daß die Mischstrukturen der Mehrthemenbögen hier besonders ausgeprägt waren: Nach dem Thema »Politik« kam das Thema »Blumen«, dem folgte das Thema »soziale Probleme«. Sportschuhe wurden abgehandelt, die wirtschaftliche Lage der Bundesrepublik, Intimsprays, kirchliche und gewerkschaftliche Probleme. Es gab Fragenketten zu Markenprodukten und – wohl eher zufällig – Beurteilungen von Spitzenpolitikern und Schnapssorten.

Die Konstrukteure der Fragebögen hielten dieses heillose Durcheinander wahrscheinlich für psychologisch sehr innovativ, weil dem Befragten, der genauso wenig wie der Interviewer einen logischen Zusammenhang in der Zusammenstellung des Bogens erkennen konnte, nur mit spontanen Antworten reagieren konnte.

Die Interviewer mußten bei solchen Bögen erheblich mehr Überzeugungsarbeit leisten, um die Kooperationsbereitschaft der Befragten aufrechtzuerhalten. Das kostete viel Zeit und verringerte dementsprechend den Stundenlohn.

Zwei Jahre lang sollte ich für EMNID nach meiner bewährten Interviewmethode arbeiten. Mehr als einmal hätte das Institut mich entlassen müssen: Daß ein Mann an Stelle Marianne Dorrochs die Umfragen durchführte, wußte EMNID seit Mai 1978. Doch auch meine 5-bis-15-Minuten-Kontakte zwischen Tür und Angel statt der veranschlagten Stunde beanstandete EMNID nie.

Nach zwei Jahren begann ich im Sommer 1980, keine Aufträge von EMNID mehr zu bearbeiten. Ich beendete nicht offiziell meine Mitarbeit, sondern ich ließ sie ruhen. Inoffiziell war ich über unsere Gruppe weiter an EMNID-Studien beteiligt. Im April 1986 dann begann ich wieder offiziell für EMNID zu arbeiten, weiterhin unter dem Namen meiner Frau. Ich konnte dabei nahtlos dort anknüpfen, wo ich 1980 geendet hatte.

Im Laufe der Jahre wurden die Fragebögen von EMNID immer umfangreicher und damit immer weltfremder. Denn kaum eine Befragungsperson war bereit, die kompletten Bögen mit uns durchzugehen. Dennoch nahmen die Interviewer die Größe der Bögen hin, weil sie gelernt hatten, daß ihre Kritik nichts änderte. Aber sie füllten die Bögen immer nachlässiger aus, manchmal schickten sie sie sogar zurück, obwohl ganze Themen-

blöcke nicht abgehandelt waren. EMNID bat daraufhin eindringlich:
> »Bitte senden Sie auf keinen Fall unbearbeitete Unterlagen ohne vorherige Rücksprache mit Ihrem Einsatzleiter zurück. Sobald Sie absehen können, daß Sie Ihren Auftrag nicht termingerecht oder überhaupt nicht bearbeiten können, setzen Sie sich umgehend mit uns in Verbindung. Ihr Einsatzleiter kann Ihnen in jedem Fall sagen, was dann zu tun ist. Oft kann eine Umsetzung oder eine Terminverlängerung aus der Klemme helfen. Bitte haben Sie Verständnis dafür, daß wir zukünftig genau auf die Einhaltung dieser Regel achten und entsprechend reagieren müssen.«

Zum Beispiel durch Honorarkürzung oder -verweigerung, wozu EMNID bei unvollständig ausgefüllten Bögen berechtigt war. Doch auch das schien nicht den gewünschten Erfolg zu bringen, denn EMNID ging später dazu über, Geldprämien auszuloben, »falls Sie die Mehrthemeninterviews komplett erledigen«. So stand es zum Beispiel am 6. Dezember 1989 in einem Anschreiben an die Interviewer.

EMNID doktorte damit an den Interviewern herum, dem letzten Glied ihres Systems, obwohl doch das Gesamtsystem dringend eine Grundsanierung brauchte: Die Bögen sollten nur 20 Fragen umfassen und sich auf höchstens zwei Themen beschränken. Inhaltlich sollten sie auf Fragen verzichten, die die Privatsphäre der Menschen betreffen und die meinem Empfinden nach manchmal so indiskret sind, daß sie die Intimsphäre verletzen. Bei den demographischen Merkmalen sind die verwandtschaftlichen Beziehungen, die Einkommensverhältnisse und Sparvermögen überflüssig. Die meisten Fragen dieser Art habe ich in meiner Interviewerkarriere sowieso schätzen müssen, weil die Befragten die Auskunft verweigerten.

Damit aber sind diese Daten praktisch wertlos, denn der Interviewer kann nicht wissen, ob der Haushalt mit der Luxuslimousine vor der Haustür oder der eleganten Badezimmerausstattung mit Fußbodenheizung eventuell überschuldet ist und der Gerichtsvollzieher schon naht.

Bei EMNID begannen die Schwierigkeiten mit Fragebögen schon in der Versandabteilung. Dort wurden die Papierberge nach Wahlbezirken, Städten und Gemeinden, Regionen oder Bundesländern geordnet. Die Wahlbezirke bekamen unter der Bezeichnung »Sample Points« Nummern. EMNID nannte die »Points« auch »Klumpen«. Größere Bezirke erforderten mehr »Klumpen«, denn die Grundeinheit mußte im Verhältnis zum Studienprojekt passen.

Die Verteiler in der Versandabteilung stellten die erforderliche Anzahl der Fragebögen, Kartenspiele und Listen zusammen, dazu Merkblätter, Anweisungen und Rechnungsformulare für den Interviewer, und schickten ihm anschließend das Paket zu.

Die Meinungsforschungsinstitute setzten Fristen, in denen die Interviewer die Aufträge erledigen mußten. Zurück bei EMNID wurden die Fragebögen zunächst sortiert und auf ihre Vollständigkeit hin geprüft. Hier auch trennten Angestellte schon die persönlichen Daten der Befragten von den Bögen, auf denen ihre Antworten eingetragen waren.

Der Auftraggeber werde die persönlichen Daten der Befragten nicht erhalten, betonen die Meinungsforschungsinstitute immer wieder. Doch wie sie selbst mit diesen sensiblen Daten umgehen, darüber sagen die Gesellschaften wenig aus. Ohne Namen und Adresse der Befragten wäre keine Kontrolle möglich, und deshalb verwahren die Institute die Namen für mehrere Wochen. Was danach passiert, bleibt offen.

EMNID leistete sich das Kuriosum einer »Strichelabteilung«. Diese Abteilung prüfte die Qualität der Linien, mit denen der Interviewer im entsprechenden Antwortkästchen die beiden Punkte miteinander verbunden hatte. Eine Wissenschaft für sich, wie Anlage 20 belegt, denn die Linien mußten genau »in den Markierungsflächen stehen«, und sie durften nur mit einem weichen Bleistift gezogen werden, ein harter Bleistift, Füller, Filz- oder Kugelschreiber waren verboten:

»Da der Fragebogen bei uns durch einen Leser maschinell verarbeitet wird, bitten wir Sie dringend darauf zu achten, daß die Striche genau in dem Markierungskästchen stehen. Die Eintragungen sind mit einem weichen Bleistift (B 4 oder B 6) zu machen. Sollte in der Hektik der Befragung oder weil sich eine Zielperson korrigiert, einmal eine falsche Markierung passieren, dann streichen Sie diese Markierung nicht durch, sondern radieren Sie sie aus und stricheln entsprechend neu.«

Den Härtegrad des Radiergummis, mit dem der Interviewer in den Strichelbögen radieren durfte, hatten die Markierungsfeldwissenschaftler noch nicht entdeckt. Hier hatte er also noch Gestaltungsspielräume.

Das Problem bestand darin, daß das Lesegerät Bögen, die der Interviewer mit dem falschen Schreibwerkzeug ausfüllte, nicht bearbeiten konnte und deshalb auswarf. Daher mußten die Kontrolleure die Bögen im Vorfeld aus-

	Betrachten Sie den Fragebogen als ein For-schungsinstrument, das in keiner Weise verändert werden darf, sonst werden die Ergebnisse unbrauchbar für uns, da Sie unter anderen Voraussetzungen erzielt wurden.
Führung des Interviews	Lenken Sie beim ersten Anzeichen eines Abschweifens geschickt wieder auf den Fragebogen zurück. Behalten Sie stets die Führung des Interviews in der Hand. Bringen Sie den Befragten dazu, dem Interview zu folgen und sich nicht ins Uferlose zu verlieren.
Übergang zur nächsten Frage	Stellen Sie schon die nächste Frage, wenn die Niederschrift eines Kommentars Sie länger in Anspruch nimmt. Der Befragte hat dann, während Sie schreiben, Zeit zum Nachdenken.

D. Notieren der Antworten

Stricheln der Markierungskästchen	Die Antwort des Befragten wird in der jeweiligen Spalte in den Kästchen (dem Lese- oder Markierungsfeld) gestrichelt. Da der Fragebogen bei uns durch einen Leser maschinell verarbeitet wird, bitten wir Sie dringend, darauf zu achten, daß die Striche genau in dem Markierungskästchen stehen. Markieren Sie deshalb bitte so ⊠ auf gar keinen Fall aber so
	Die Eintragungen sind mit einem weichen Bleistift (B4 o.B6) zu machen. Sollte in der Hektik der Befragung, weil sich eine Zielperson korrigiert, einmal eine falsche Markierung passieren, dann streichen Sie diese Markierung bitte nicht durch, sondern radieren Sie sie aus und stricheln entsprechend neu.
Angaben zu offenen Fragen	Kommentare zu offenen Fragen schreiben Sie bitte unbedingt wortgetreu nieder, also keine Antwort in eigene Worte fassen. Beginnen Sie gleich mit der Niederschrift, sobald der Befragte zu sprechen beginnt. Sie können gebräuchliche Abkürzungen verwenden. Aber verkürzen Sie bitte nicht die gesprochenen Sätze. Schreiben Sie deutlich, da wir viele Schriften und tausende Antworten lesen müssen.
Einhaltung der Begrenzungen des Fragebogens	Bitte streichen Sie in dem Fragebogen nichts durch und schreiben Sie auch bitte nicht beim Notieren von irgendwelchen Randbemerkungen oder Notieren der offenen Fragen in die jeweiligen Markierungskästchen. Achten Sie bitte unbedingt darauf, daß Sie nicht in die Taktmarken (schwarze Balken unten auf der Seite) oder aber über die Seitenbegrenzung hinaus schreiben.

E. Abschluß der Arbeiten

Durchsicht des Fragebogens nach dem Interview	Sehen Sie zu Hause noch einmal alle Fragebogen durch. Achten Sie dabei darauf, ob alle Fragen beantwortet wurden (notfalls die Befragungsperson anrufen oder aber noch einmal aufsuchen), damit keine Lücken in dem Interview entstehen.
	Stricheln Sie undeutliche oder krumme Markierungen nach.
	Ist die Postleitzahl und die Interviewer-Nummer eingetragen und markiert, ist das Datum eingetragen und haben Sie das Interview unterschrieben?

Anlage 20

sortieren. Diese Bögen honorierte EMNID dann natürlich auch nicht. Bei ihrer Kontrolle interessierte die Strichelkontrolleure wenig, wo die Linien gezogen waren. Das war nicht ihre Aufgabe, sondern gehörte in den Bereich der Plausibilitätskontrolle.

EMNID wertete die Fragebögen schon aus, während ihre Kontrollbriefe noch unterwegs zu den befragten Personen waren. Hätte die Gesellschaft nicht mit der Auswertung warten müssen, bis der Rücklauf aus den befragten Haushalten signalisierte, daß vor Ort korrekt recherchiert wurde? Stimmten die Angaben in den Kontrollbriefen nicht mit den Fragebögen überein, verweigerte EMNID die Honorierung dieses Bogens. Der aber war schon längst ausgewertet und in die Expertise mit einbezogen, die jetzt beim Kunden lag. Das jedoch spielte keine Rolle mehr, die Studie wurde nicht neu ausgewertet.

Wen der Interviewer in einem Haushalt befragen durfte, schrieb EMNID ihm grundsätzlich mit der sogenannten »Geburtstagsregel« vor:

»Das EMNID-Institut hat sich darauf festgelegt, als Auswahlprinzip für die Zielperson diejenige zu wählen, die als erste im Jahr Geburtstag hat.«

Nur diese Regel, so meinte EMNID, sichere das Zufallsprinzip. Und da es unsinnig sei, einem Säugling Fragen zu stellen, sollten die EMNID-Interviewer Personen ab 14 Jahren befragen. Auf dieser Grundlage empfiehlt der EMNID-Ratgeber seinen Interviewern an der Haustür zur Begrüßung folgende »standardmäßig zu stellende Frage:

Wer hat in Ihrem Haushalt als erster im Jahr Geburtstag, allerdings nur von denjenigen, die 14 Jahre und älter sind?« (Vgl. Anlage 21)

4. Auswahl der Zielperson im Zielhaushalt

Geburtstagsregel bei der Auswahl der Zielperson

Nachdem die Orte, Stimmbezirke, Startadressen und Zielhaushalte zufällig ausgewählt worden sind, bleibt nur noch zu klären, welche Person im Haushalt zu befragen ist. Wie vorher schon erwähnt, ist nicht die Person, die Ihnen die Tür öffnet, automatisch auch die zu befragende Zielperson. Vielmehr ist diese Person danach zu fragen, wer im Haushalt als erster im Jahr Geburtstag hat. Mit dieser Zielperson ist dann das Interview durchzuführen. Die Geburtstagsregel sichert das Zufallsprinzip bei der Zielpersonenauswahl im Haushalt, weil die Geburtstage über das Jahr einigermaßen gleich verteilt sind. Man könnte mit dem gleichen Ergebnis auch diejenige Person befragen, die als nächste Geburtstag hat oder die als letzte im Jahr Geburtstag hat - das EMNID-Institut hat sich darauf festgelegt, als Auswahlprinzip für die Zielperson diejenige zu wählen, die als erste im Jahr Geburtstag hat. Daran müssen Sie sich halten.

Mindestalter der Zielperson

Da es unsinnig wäre, einem zwei Monate alten Haushaltsmitglied Fragen zu stellen, muß der Interviewer wissen, welcher Personenkreis aus dem Haushalt überhaupt für eine Befragung in Betracht kommt. Diese Angabe muß er für jede Studie mitgelieferten Interviewanweisung entnehmen. In der Regel werden von EMNID-Institut Personen im Alter ab 14 Jahren befragt; so daß die standardmäßig zu stellende Frage des Interviewers an der Haustür etwa folgendermaßen lauten dürfte: "Wer hat in Ihrem Haushalt als erster im Jahr Geburtstag, allerdings nur von denjenigen, die 14 Jahre und älter sind?"

Zwei Hinweise zum Schluß dieses Kapitels:

Das Random-Route-Verfahren zur Auswahl der Zielpersonen hört sich komplizierter an, als es in Wirklichkeit ist, wie es von den Interviewern immer wieder bestätigt wird.

Notwendigkeit der regelgerechten Zufallsauswahl

Dieses Verfahren der Zufallsauswahl bietet nur bei konsequenter und genauer Einhaltung der Verfahrensregeln durch die Interviewer die Möglichkeit, die Untersuchungsergebnisse aus der Stichprobe hochzurechnen auf die Grundgesamtheit. Deshalb - und nicht, um die Interviewer zu schikanieren - legt das EMNID-Institut größten Wert auf die regelgerechte Zufallsauswahl der Zielpersonen. Es ist nicht erlaubt, auf eine andere Person des Haushaltes auszuweichen, die vielleicht eher antreffbar oder eher zu einem Interview bereit ist als die tatsächliche Zielperson.

Graphische Begehungspläne

Zum noch besseren Verständnis der vorherigen Ausführungen werden wir Ihnen zusätzlich graphisch gestaltete Begehungspläne zusenden.

Anlage 21

Wenn diese Person nicht da sei, müsse man noch einmal wiederkommen, so EMNID, denn:

»Es ist in der Markt-, Meinungs- und Sozialforschung üblich, Interviewpartner, die man beim ersten Mal nicht antrifft, insgesamt *dreimal zu verschiedenen Zeiten* aufzusuchen.«

Dabei werde EMNID den zeitlichen Mehraufwand, den der dreifache Besuch für den Interviewer mit sich bringe, »nach unseren Erfahrungswerten im Pauschalhonorar« berücksichtigen.

Die Geburtstagsregel bedeutete für den Interviewer einen erheblich höheren Zeitaufwand, um die gewünschte Person zu kontakten. Denn traf er sie beim erstenmal nicht direkt an, mußte er wiederkommen. Dabei ging der Interviewer das Risiko ein, daß die gewünschte Person dann zwar anwesend war, aber nicht mit ihm und dem Meinungsforschungsinstitut kooperieren wollte.

Damit hatte der Interviewer zweimal vergeblich den Haushalt besucht, er hatte kein Interview erzielt und bekam daher auch kein Honorar. Professionelle Interviewer beförderten daher oft die Person, die ihnen die Türe öffnete und zur Beantwortung einiger weniger Kernfragen bereit war, zum »Geburtstagskind«.

Das blieb auch EMNID nicht verborgen. In seinem Hausjournal klagte das Meinungsforschungsinstitut im Januar 1990 über verzerrte soziodemographische Daten und äußerte den Verdacht, daß diese Verzerrung durch die Nicht-Einhaltung der Geburtstagsregel entstehe. Und daher forderte EMNID die konsequente Einhaltung der Regel.

15 Mark zahlte EMNID Anfang der 90er Jahre durchschnittlich für ein Interview. Darin enthalten waren die

Fahrtkosten, wenn ich die Umfrage an meinem Wohnort durchführte. Der Zeitaufwand, um die Befragungsperson zu kontakten, und der eventuell bis zu dreimalige Besuch bei ihr, bis ich mein Interview erhielt, war nach den »Erfahrungswerten« von EMNID in den Pauschalhonoraren für die Bögen »berücksichtigt«.

Um sich vor den hohen Nebenkosten zu schützen, die am Wohnort zu Lasten der Interviewer gingen, suchten sie deshalb oft Haushalte in ihrer unmittelbaren Nachbarschaft auf und befragten sie. Auch wenn das die Umfrage verzerrte.

Die Arbeitsweise der erfahrenen Interviewer, die Fragebögen auf Kernfragen zu reduzieren und diese zu stellen, widersprach auch bei EMNID den Vorschriften der Interviewführung. Dort hieß es:

»Stellen Sie alle Fragen wörtlich. Die Gefahr ist sehr groß, daß Sie den Befragten, auch bei nur leichten Umformulierungen, beeinflussen. Bereits die *unterschiedliche Betonung* in Fragen kann sich auf die Antworten auswirken, daher alle Fragen wörtlich, ruhig und gleichmäßig vorlesen.«

Verstand die Zielperson eine Frage nicht, so durfte der Interviewer sie nicht erklären. Denn die Formulierung der Frage mit anderen Worten oder die Verdeutlichung anhand eines Beispiels bedeute auch immer schon eine Interpretation der Frage. Der Interviewer solle die Frage nur langsam und deutlich wiederholen, empfahl EMNID. Vor Ort lief es immer anders: Der erfahrene Interviewer gab natürlich Beispiele, wenn er mißverstanden wurde. Damit folgte er durchaus einer Anweisung von EMNID:

»Treten Sie einfühlsam an den Menschen heran.«

Andererseits sparten die Erklärungen und Beispiele des Interviewers Zeit: Die Befragung war zum einen schneller beendet, und zum anderen mußte der Interviewer dann wohl kaum hinterher am Schreibtisch offenkundige Widersprüche korrigieren, die durch Mißverständnisse entstanden waren.

EMNID bewies Monat für Monat, mit welcher Geschwindigkeit vermeintlich wissenschaftliche Studien durchgeführt werden können. Der Briefträger brachte mir wöchentlich drei bis fünf Aufträge, und je größer die Einsatzbereitschaft des Interviewers war, desto mehr Aufträge landeten auf seinem Schreibtisch.

Dabei handelte es sich zumeist um politische Umfragen kombiniert mit Produktforschung. Nur spezielle Studien wie zum Thema »Jugend« oder »Medikamente« führten wir zuweilen gesondert durch. Sie waren mit etwas längeren Kurzkontakten halbwegs gründlich zu bearbeiten. So mußte ich zum Beispiel für EMNID eine Umfrage unter Geschäftsreisenden durchführen. Diesmal ging es um Bewegungsabläufe von Geschäftsreisenden.

»Wie viele Kilometer reisen Sie im Jahr?«

»Wie oft verreisen Sie ins Ausland?«

»Wie oft verreisen Sie im Inland?«

Zusätzlich ging es um die Anlässe für Reisen, ob es sich zum Beispiel um dienstliche Kontakte zu Geschäftsfreunden, um Messebesuche oder Fahrten zu Zweigstellen der Firma handelte.

Die Kollegen meiner Interviewergruppe waren bereits in den Vorjahren an ähnlichen Studien beteiligt gewesen und erzählten ihre Erlebnisse: Die Geschäftsleute hatten abgebrochen, noch bevor das Interview abgeschlossen war. Einige Kontaktpersonen hatten sich sogar aus den Ausweisen die Adressen der Interviewer notiert, falls etwas von den gemachten Angaben herauskäme. Weder die Legitimationen noch Überredungskünste hatten geholfen, das Mißtrauen zu beseitigen. Zum Einkommen und zum gesellschaftlichen Status gaben Geschäftsleute fast nie eine Auskunft, auch nicht zu geschäftlichen Aktivitäten im Ausland.

Auf ein halbkorrekt durchgeführtes Interview kamen acht Abbrüche, eigentlich unbrauchbare Bögen, weil die Kollegen darin schon herumgeschrieben hatten. Um überhaupt an vollständig ausgefüllte Bögen zu kommen, verwendeten sie die angefangenen Bögen beim nächsten Interviewpartner, schoben ihm die Aussagen des Vorgängers in den Mund und füllten so nach und nach die Bögen.

Ein Problem war auch der Ort der Befragung: Wo konnte man Geschäftsreisenden begegnen? In den Wartesälen von Bahnhöfen war es zu laut, und in gehobenen Gaststätten, wo ein gemischtes Publikum verkehrte, konnte man die Geschäftsreisenden kaum ausmachen. Der Interviewer konnte sich wohl kaum mitten in den Raum stellen und wie ein Marktschreier losbrüllen: »Hallo Geschäftsreisende, bitte bei mir melden. Ich will gern jeden von Euch eine halbe Stunde lang befragen!« Sinnvoll war allein die Bar oder das Restaurant eines Hotels, wo sich immer Hotelgäste aufhielten. Dazu betrat ich die Bar eines gepflegten Hotels und schaute mich nach passenden Zielpersonen um. Meist war ich gezwungen, mich erst einmal an einen Tisch zu setzen und eine Bestellung aufzugeben, wobei EMNID für solche Spesen eigentlich hätte aufkommen müssen, was sie aber natürlich nicht taten. Dann trat ich auf Personen zu, die wie Geschäftsreisende wirkten, stellte mich vor, zeigte meinen Ausweis von EMNID und bat sie um die Beantwortung dreier kurzer Fragen.

Der Ausweis von EMNID zeigte das Bild meiner Frau und lautete auf ihren Namen. Doch das bereitete mir wenig Probleme, denn kaum einer betrachtete den Ausweis gründlich. Zur Not hätte ich mich dann auch mit dem Ausweis einer anderen Meinungsforschungsgesellschaft legitimieren können.

Auf drei kurze Fragen waren die meisten Angesprochenen bereit zu antworten, das wußte ich aus langjähriger Erfahrung. Es durften auch schon mal ein paar Fragen mehr sein. Doch hätte ich den Fragebogen gezückt, wäre eine Verweigerung sicher gewesen. Deshalb arbeitete ich mit einem Notizblock, in dem ich die Antworten auf meine Kernfragen notierte. Und das Einkommen schätzte ich nach der Krawatte. So wechselte ich von Tisch zu Tisch und stellte meine Fragen:

»Wie oft übernachten Sie jährlich in in- und ausländischen Hotels?«

So stand es nicht im Fragebogen. Dort wurden die Übernachtungen in inländischen Hotels und die Übernachtungen in ausländischen Hotels einzeln abgefragt. Meine Frage kombinierte beides, ein Trick, der nicht auffiel. Der Befragte merkte gar nicht, daß er auf eine Frage zwei Antworten geben mußte, denn er mußte auch bei mir die Übernachtungen aufschlüsseln. Und so ging es weiter:

»Buchen Sie das Hotel direkt oder erst nach Ankunft vor Ort?«

Auch darauf mußte zweimal geantwortet werden. Wurde zu lange überlegt, konnte der Interviewer präzisieren: »Ich meine, wieviel Prozent fallen auf Direkt- und wieviel Prozent auf Ankunftsbuchungen?« So erhielt der Interviewer mehr Antworten und hatte es später einfacher, den Strichelbogen plausibel auszufüllen.

Solche Umfragen, bei denen der Befragte außerhalb seines Wohn- oder Arbeitsbereiches interviewt wurde, waren weitestgehend anonym. Denn das Risiko, bei dieser Art Befragung einen falschen Namen und eine falsche Adresse zu erhalten, war groß. Die Meinungsforschungsgesellschaften akzeptierten die Anonymität, auch wenn sie dabei die Bögen nicht kontrollieren konnten.

Den Rest der Bögen für Geschäftsreisende füllte ich nach den Kernantworten zu Hause am Schreibtisch aus. Es waren gute Interviews gewesen. Hier zeigte sich, daß Umfragen durchaus machbar waren, wenn sie etwas praxisfreundlicher angelegt waren.

Das Vorgehen der Kontrolleure bei EMNID war oft wenig nachvollziehbar: So ließen sie eine Vielzahl von am Schreibtisch ausgefüllten Bögen großer Umfragen trotz negativer Kontrollen unbeanstandet passieren. Dann wieder informierten sie den Interviewer über die negativ verlaufene Kontrolle und baten um Aufklärung des Sachverhalts. Oder sie stornierten stillschweigend das Honorar. Eine systematische Vorgehensweise war dabei nicht zu entdecken.

So bearbeitete ich zusammen mit anderen Mitgliedern unserer Gruppe eine Umfrage zum Thema »Lottospiel«. Gemeinsam gingen wir freitags nachmittags in die Lottoannahmestellen und befragten die Spieler dort. Das Thema stieß bei ihnen auf große positive Resonanz. Gemeinsam malten wir zu Hause auf der Grundlage der Antworten die Bögen aus. Die Kontrolleure kritisierten einen Kollegen und verweigerten die Honorierung, beim anderen Kollegen kritisierten sie, überwiesen aber einen Teil des Honorars. Ich kam unbeanstandet davon.

Dafür mußte ich Anfang 1988 plötzlich feststellen, daß EMNID mir ein Honorar nicht überwiesen hatte. Als ich das in Bielefeld anmahnte, erhielt ich die Mitteilung, daß EMNID das Honorar wegen negativer Kontrollen storniert habe. Und weiter:
»Wahrscheinlich haben wir Sie davon leider nicht schriftlich verständigt, und wir bitten Sie, dieses Versehen zu entschuldigen.«
Dennoch erhielten wir alle weiterhin Aufträge von EMNID. Alle Umfragen erledigte ich im Namen meiner Frau Marianne Dorroch, denn unter dem Namen gehörte ich zum Stab der Interviewer bei EMNID. Das Meinungsforschungsinstitut ließ mich jahrelang gewähren, obwohl EMNID durch die Kontrollbriefe und Kontrollanrufe wußte, daß ein Mann die Aufträge von Marianne Dorroch ausführte.

Im Februar 1989 trat ich unter einem zweiten weiblichen Pseudonym als Interviewer in die Dienste von EMNID. Es war der Mädchenname meiner Frau, allerdings mit geändertem Vornamen: Helga Wachtel. Von nun an war ich an manchen Studien oft zweifach beteiligt, hatte ich als Marianne Dorroch und als Helga Wachtel deren Umfragebögen zu bearbeiten.

Doch Helga Wachtel sollte bei EMNID keine große Karriere machen. Nachdem sie noch im August 1989 Prämien für ihre Arbeit erhalten hatte, fielen den Kontrolleuren bei EMNID im September 1989 die identischen Handschriften von Marianne Dorroch und Helga Wachtel auf (vgl. Anlage 22).

Es handele sich bei Marianne Dorroch und Helga Wachtel um Schwestern, die gelegentlich zusammenarbeiten, schrieb ich alias Marianne Dorroch an EMNID

EMNID-INSTITUT GMBH & CO.
Marktforschung · Meinungsforschung · Sozialforschung

EMNID-INSTITUT GmbH & Co.   Bielefeld

Frau
Marianne Dorroch

Bochum

Mitglied des Arbeitskreises deutscher Marktforschungs-Institute (ADM)

Mitglied der internationalen Vereinigung der Gallup-Institute (GIRI)

Ihr Zeichen, Ihre Nachricht vom	Unser Zeichen, unsere Nachricht vom	☎ (05 21)	Datum
			01.09.89

Sehr geehrte Frau Dorroch,

bei einer sorgfältigen Kontrolle Ihrer Adressprotokolle und Personalunterlagen haben wir festgestellt, daß Ihre Handschrift mit der von Frau Helga Wachtel identisch ist. So ist bei uns der Eindruck entstanden, daß Sie unter zwei Namen für uns tätig sind.

Nehmen Sie bitte in schriftlicher Form zu diesem Vorwurf Stellung. Bis zur Klärung dieser Angelegenheit haben wir Sie für weitere Einsätze gesperrt.

Mit freundlichen Grüßen

EMNID-Institut GmbH & Co.
- Interviewerbetreuung -

Unsere Mitarbeiter erreichen Sie am günstigsten montags bis donnerstags zwischen 9 und 16 Uhr und freitags zwischen 9 und 14 Uhr. Unsere Mittagspause dauert von 12.30 bis 13 Uhr.

zurück. Falls der Meinungsforschungsgesellschaft das nicht zusage, könnten beide Frauen natürlich nicht mehr für EMNID arbeiten.

Auf dieses Schreiben reagierte das Meinungsforschungsinstitut nicht, so daß ich davon ausging, daß sie Marianne Dorroch und Helga Wachtel weiter beschäftigten. In den nächsten fünf Monaten schickte EMNID auch weiterhin neue Aufträge mit Mehrthemenbögen oder politischen Umfragen. Und auch die Honorare überwies EMNID. Doch im Januar 1990 kündigte EMNID Marianne Dorroch und Helga Wachtel die Zusammenarbeit:

»Da wir auf unser Schreiben vom 1. September 1989 bis heute keine Antwort erhalten haben, möchten wir Sie nicht weiter als Interviewerin für unser Institut beschäftigen.«

In meinem Antwortschreiben wies ich EMNID darauf hin, daß ich bereits am 5. September reagiert hätte. Da aber die Entscheidung für eine Kündigung gefallen war, forderte ich die Meinungsforschungsgesellschaft auf, die Daten von Marianne Dorroch und Helga Wachtel zu löschen und zu bestätigen, daß das Unternehmen meine Forderung erfüllt habe. Doch nichts geschah.

Im September 1990 bewarb ich mich mit einem Jugendbild von mir unter dem männlichen Pseudonym Werner Schmidt bei EMNID. Ich wurde akzeptiert und bearbeitete einige Aufträge. Im Oktober jedoch erhielt ich einen Brief von EMNID, der mir bewies, daß das Unternehmen die Daten von Marianne Dorroch und Helga Wachtel entgegen meiner Forderung nicht gelöscht hatte: In dem Brief fragt EMNID Werner Schmidt, warum seine Schrift mit der von Marianne Dorroch und Helga Wachtel identisch sei (vgl. Anlage 23).

EMNID-INSTITUT GMBH & CO.
Marktforschung · Meinungsforschung · Sozialforschung

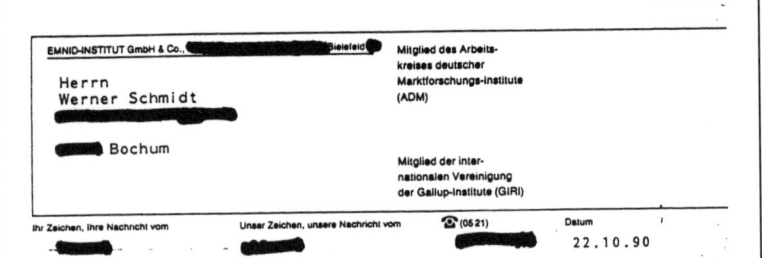

EMNID-INSTITUT GmbH & Co., ▓▓▓▓ Bielefeld

Herrn
Werner Schmidt
▓▓▓▓▓▓▓▓▓▓

▓▓▓▓ Bochum

Mitglied des Arbeits-
kreises deutscher
Marktforschungs-institute
(ADM)

Mitglied der inter-
nationalen Vereinigung
der Gallup-Institute (GIRI)

Ihr Zeichen, Ihre Nachricht vom	Unser Zeichen, unsere Nachricht vom	☎ (0521)	Datum
			22.10.90

Sehr geehrter Herr Schmidt,

bitte teilen Sie uns umgehend mit, warum Ihre Handschrift mit der von Frau Dorroch bzw. Frau Wachtel identisch ist.

Bis zur Klärung dieser Angelegenheit sind Sie für weitere Einsätze gesperrt.

Mit freundlichen Grüßen

EMNID-Institut GmbH & Co.
- Interviewerbetreuung -

Ich reagierte nicht auf diesen Brief. EMNID kündigte mir alias Werner Schmidt im November 1990. Trotzdem kritisierten sie nicht die Ergebnisse der Umfragen Werner Schmidts, vielmehr überwiesen sie noch alle Honorare.

Zu fragen bleibt am Ende dieser Episode dennoch, wie die Meinungsforschungsgesellschaften es mit dem Datenschutz halten. Trotz ausdrücklicher schriftlicher Aufforderung löschte EMNID die persönlichen Daten von Marianne Dorroch und Helga Wachtel nicht, sondern verwendete sie noch Monate später.

Im Januar 1993 bewarb ich mich wieder bei EMNID, diesmal unter dem männlichen Pseudonym Lars Wanter. Dieses Pseudonym sollte sich zum Gruppenpseudonym entwickeln, weil viele Mitglieder meiner Gruppe unter diesem Namen fortan Umfragen für EMNID durchführten. Darüber hinaus trat ich einen Monat später unter dem Namen Heiner Dorroc*k*, also meinem bürgerlichen Namen, nur durch das »k« am Ende leicht variiert, in den Interviewerstab des Unternehmens ein.

Wieder ging es um politische Umfragen, doch heute sind meine alten prozentualen Verteilungen von 60–30–5–5 Prozent untauglich, denn in der politischen Landschaft der Bundesrepublik hat es Verschiebungen gegeben: Die FDP verliert an Boden, während BÜNDNIS 90/DIE GRÜNEN zunehmend hoffähig werden. Und am rechten Rand tauchen die Republikaner auf. Die Vielfalt bereitet den Interviewern vor Ort Probleme; der Errechnungsmodus wird auch für die Demoskopen komplizierter.

Die Mehrthemenbögen hatten 1993 eine derartig bunte Themenvielfalt, daß sie selbst am heimischen Schreibtisch kaum noch zu bearbeiten waren. Ich schickte sie unerledigt zurück. Das trug mir einen bösen Anruf meines Projektleiters ein, hatte aber sonst keine Folgen für mich.

Im Juli 1993 erhielten sowohl Heiner Dorrock als auch Lars Wanter einen Brief der Kontrollabteilung von EMNID, in dem die Bearbeitung des letzten Auftrags der beiden kritisiert wurde. Es bestünden »berechtigte Zweifel daran«, so EMNID in beiden Briefen unisono,

> »daß die von Ihnen bearbeiteten Interviews tatsächlich allen im Adressenprotokoll aufgeführten Personen zuzuordnen sind«.

Während Heiner Dorrock nicht reagierte, schrieb Lars Wanter EMNID einen Brief. Darin beklagte er sich über die Länge der Fragebögen, über die Notwendigkeit, in einer Streßsituation dennoch sorgfältig stricheln zu müssen, und über das fehlende Verständnis der Zentrale für die Interviewer vor Ort.

Daraufhin telegrafierte EMNID an Lars Wanter, er möge bitte in der Zentrale anrufen. Zwischenzeitlich honorierte die Meinungsforschungsgesellschaft alle ausgeführten Aufträge, auch die kritisierte Studie. Lars Wanter reagierte dennoch nicht.

Daraufhin kündigte ihm EMNID im September 1993. Heiner Dorrock arbeitete noch zwei Monate länger bei dieser Meinungsforschungsgesellschaft mit, ehe ihm EMNID im November 1993 mitteilte, daß er nicht mehr als ihr Mitarbeiter geführt werde.

7. MARPLAN

oder Wie Parteien und Politiker zu Prozenten kommen

Im Sommer 1976 begann meine Karriere als Interviewer bei der MARPLAN-Forschungsgesellschaft mit Sitz im hessischen Offenbach am Main. Mit Unterbrechungen und unter verschiedenen Pseudonymen sollte ich bei dieser Meinungsforschungsgesellschaft bis zum Februar 1994 als Interviewer arbeiten.

Bei MARPLAN standen die Interviewer immer unter großem Termindruck. Die Fristen, in denen wir die Aufträge bearbeiten und zurückgeben mußten, waren bei der Größe der Fragebögen viel zu knapp bemessen. Der Streß und der Zeitdruck führten dazu, daß ich schon sehr bald die Bögen nur noch unvollständig ausfüllte und mir Ungenauigkeiten leistete. In die großen Freifelder, in denen wir die Antworten wörtlich zitieren sollten, schrieb ich nach bewährtem Muster nur noch kurze, knappe Aussagesätze.

MARPLAN markierte die Fehler und schickte die Bögen mit Kommentaren an die Interviewer zurück. Das las sich dann zum Beispiel so:

»Es stellt sich die Frage bei solchen Fehlern, ob der Interviewer überhaupt lesen kann?«

Nicht nur bei MARPLAN, sondern bei allen Meinungsforschungsgesellschaften war die Kommunikation mit den Interviewern oft äußerst ruppig.

Auch MARPLAN verwendete in diesen Jahren die Kringelbögen. Bei der Unmenge an Fragebögen und dem großen Zeitdruck, unter dem wir standen, entwickelten wir die Technik des »Nicht-Lesens«: 200 Fragenpassagen waren, wenn man sie nicht las, ebenso schnell weggekringelt wie sonst 100. Ein Fragenblock mit 60 Fragen, die der Befragte jeweils in einer vierstufigen Werteskala beurteilen mußte (ein sogenannter »vierstufiger Sechziger«, vgl. Anlage 24), dauerte nicht viel länger als zwei Blöcke mit 30 Fragen, die nur mit »Ja« oder »Nein« (ein sogenannter »zweistufiger Dreißiger«) beantwortet werden mußten. Nur wenn der Interviewer diese Technik anwendete, schaffte er sein Pensum.

Für einen »zweistufigen Dreißiger« brauchte ich durchschnittlich zwölf Sekunden. Später allerdings konnten sich bei mir Ermüdungserscheinungen einstellen: Dann erhöhte sich meine Bearbeitungszeit auf 15 oder sogar 20 Sekunden. Einen »vierstufigen Sechziger« schaffte ich in gut 40–50 Sekunden.

Wenn wir die Pakete mit den Aufträgen erhielten, fiel unser erster Blick immer auf das Honorar pro Bogen. Doch der zweite Blick galt schon der Struktur der Fragebögen: Wie weit lagen die Kästchen in den Blöcken auseinander? Zwei Zentimeter Abstand mehr je Stufe entschieden darüber, ob der Auftrag sich lohnte oder ob ich ihn unbearbeitet wieder zurückschickte. Wenn das Honorar stimmte, bearbeitete ich auch miserabel konstruierte Bögen – nicht in den Zielhaushalten, sondern zu Hause am Schreibtisch.

Der Abstand in der Werteskala zwischen der Note »eins« und der letztmöglichen Note konnte über fünf Zentimeter betragen. Der Abstand zwischen »zwei« und »drei« war kürzer, aber auch kurze Strecken fraßen Zeit. Wie groß waren die Kästchen, waren sie so winzig, daß der Interviewer fast punktgenau zielen mußte?

Fortsetzung der Frage 89

		trifft überhaupt nicht zu	trifft eher nicht zu	trifft eher zu	trifft ganz genau zu
Wenn ich könnte, würde ich meine Wohnung jedes Jahr komplett neu einrichten.	42-	1	2	3	4
Ich finde es völlig in Ordnung, wenn bei uns lebende Ausländer ihre kulturelle Eigenständigkeit bewahren wollen.	43-	1	2	3	4
Ich gehöre zu den Menschen, die viel Energie und Tatkraft besitzen.	44-	1	2	3	4
Ich brauche keine Kirche, ich habe meine eigene Religion.	45-	1	2	3	4
Die Leute im Straßenverkehr werden immer aggressiver.	46-	1	2	3	4
Volksmusik und Trachten finde ich einfach schön.	47-	1	2	3	4
Ich habe Freunde aus allen Kreisen der Gesellschaft, vom Handwerker bis zum Akademiker	48-	1	2	3	4
Ich finde es toll, Dinge zu besitzen, die sonst fast niemand hat.	49-	1	2	3	4
Das Geheimnisvolle und Unerklärbare im Leben fasziniert mich.	50-	1	2	3	4
Für mich ist es ein Genuß, ausgiebig meinen Körper zu pflegen.	51-	1	2	3	4
Ich weiß, daß ich einen ausgefallenen Geschmack habe.	52-	1	2	3	4
Gesundheit heißt für mich, daß Körper und Geist in Einklang stehen.	53-	1	2	3	4
Ich leihe mir oft Geld, weil ich mit dem eigenen nicht auskomme.	54-	1	2	3	4
Unsere Umwelt ist schon so geschädigt, daß sie sich nie mehr ganz erholen wird.	55-	1	2	3	4
Ich bin stolz darauf, Deutscher zu sein.	56-	1	2	3	4
Vor der zunehmenden Gewalt in unserer Gesellschaft habe ich Angst.	57-	1	2	3	4
Ich bin oft verunsichert, weil ich nicht genau weiß, ob ein Produkt umweltschädlich ist oder nicht.	58-	1	2	3	4
Die Gewalt fängt heute schon im Kindergarten an.	59-	1	2	3	4
Ich denke häufig darüber nach, wie ich mein Leben am sinnvollsten gestalten kann.	60-	1	2	3	4
Viele Freunde zu haben ist für mich sehr wichtig.	61-	1	2	3	4
Ich habe noch viele Konsumwünsche, die ich mir so bald wie möglich erfüllen möchte.	62-	1	2	3	4
Wenn wir so weiter machen, wird auf der Erde bald kein Leben mehr möglich sein.	63-	1	2	3	4
Wer die Umwelt schädigt, verhält sich unmoralisch.	64-	1	2	3	4
Wir Deutschen haben einige gute Eigenschaften, die andere Völker nicht haben.	65-	1	2	3	4
Ich träume davon, ein paar Dinge zu besitzen, die von einem großen Designer eigens für mich entworfen wurden.	66-	1	2	3	4
Was die Natur geschaffen hat, kann der Mensch nicht mehr verbessern.	67-	1	2	3	4
Wir Deutsche können viel von anderen Völkern und Kulturen lernen.	68-	1	2	3	4
	69-80/R				

Anlage 24

Die Augenreflexe waren ebenfalls ein Indikator dafür, wie lange es wohl dauerte, bis man 30 Fragen weggekreuzt hatte. Wenn sich die Skalen über Seiten hinwegzogen, kam es nur noch darauf an, wie rasch man die Seiten wegblätterte. Ich habe schon Bögen bearbeitet, bei denen zogen sich die Skalen über 40 Seiten hinweg.

Anfangs dauerte bei mir der Sprung in einer vierstufigen Skala von einem Kästchen zum nächsten darunterliegenden jeweils eine Sekunde. In einem Superblock mit 60 Fragen aber sprang der Interviewer natürlich nicht ständig zwischen den Bewertungskategorien »eins« für »sehr zufrieden« und »vier« für »völlig unzufrieden« hin und her. Vielmehr sparte das Ausfüllen der Zwischenstufen »zwei« und »drei« Zeit. Doch die Antworten mußten plausibel erscheinen. Wer das unter dem Zeitdruck vergaß, den erwartete bald die Kündigung. MARPLAN reklamierte nämlich nachlässig ausgefüllte Fragebögen viel schärfer als verkürzte Befragungszeiten.

Auch MARPLAN arbeitete mit Mehrthemenbögen. Auch bei MARPLAN waren die Themen in bunter Vielfalt aneinandergereiht. Der »klassische Standardbogen« bei MARPLAN behandelte als erstes immer Zigarettenmarken und Rauchgewohnheiten, also ein Komplex, der sich routiniert wegkringeln ließ. Im Idealfall aber traf der Interviewer auf einen Nichtraucher, denn dann konnte er viele Fragen überspringen. Es ging weiter mit politischen und gesellschaftlichen Themen und ausführlichen Fragen zum Thema »Empfängnisverhütung«.

Spätestens bei der 25. Mammutfrage entschied sich der Interviewer, den Bogen am Schreibtisch zu vervollständigen. 36 Sätze mußten vorgelesen werden, 36 Mal mußte der Befragte zustimmen oder ablehnen. Es ging um die »Bundesbahn«. Dabei hatte der Befragte zuvor schon über eine halbe Stunde lang seine Zeit mit Fragebogen und Interviewer verbracht. Zu diesem Zeitpunkt würde daher selbst die gutmütigste Zielperson die Kooperation verweigern.

Dieser Standardbogen, MARPLANs »klassischer Omnibus«, änderte sich über 15 Jahre hinweg kaum. Auch die Skalen veränderten sich nie. Nur die angehängten Themen wechselten rasch: Heute ging es um Verhütungsmittel und die Bundesbahn, morgen um Telefone und Kosmetika. Doch auch bei MARPLAN gab es politische Umfragen, gab es die »Sonntagsfrage«:

»Angenommen am nächsten Sonntag wäre Bundestagswahl. Welche Partei würden Sie wählen?«

Ich wich auch hier nicht von meinem bewährten Muster für derartige Umfragen ab: Für Ruhrgebietsstädte etwa 60 Prozent SPD, 30 Prozent CDU, 5 Prozent FDP, 5 Prozent DIE GRÜNEN. In Westfalen notierte ich dagegen 60 Prozent für die CDU und 30 Prozent für die SPD; FDP und DIE GRÜNEN hatten bei mir in der ganzen Republik Einheitswerte. Wenn ich nach einer Wahl dann die Zeitung aufschlug, konnte ich mit meinen Prognosen zufrieden sein: Sie deckten sich immer recht gut mit den realen Wahlergebnissen.

MARPLAN korrigierte meine Bögen oft, dennoch gelangten sie in die Auswertung, und ich erhielt mein Honorar. Erreichte mich wieder einmal Kritik der Meinungsforschungsgesellschaft, dann hielt ich mich eine Zeitlang etwas strenger an ihre Begehungsvorschriften.

In den 70er und 80er Jahren lehnte MARPLAN den »Hammelsprung« ab. Wir durften also nicht zum Beispiel jeden dritten oder fünften Haushalt befragen. Vielmehr ermittelte MARPLAN die Zielhaushalte mit Hilfe von Buchstaben.

Dazu mußten wir zunächst im Adressenverzeichnis einer Stadt eine Straße heraussuchen, die zum Beispiel mit dem Buchstaben »S« begann. Von dieser Straße aus sollten wir noch zwei Straßennamen weiterzählen (vgl. Anlage 25). In dieser »ausgezählten« Straße führte der Interviewer nun seine Umfrage durch. Dabei durfte er nur Familien besuchen, deren Name mit den Buchstaben einer beigefügten zufälligen Buchstabenkombination begann. Hatte er also die Buchstabenkombination B–F–N–O–T, so listete er alle Familien in der Straße auf, deren Namen mit diesen Buchstaben begannen. MARPLAN hatte dabei das Alphabet in mehrere Buchstabenblöcke aufgeteilt, wobei die Zuordnung der Buchstaben zu einer Gruppe davon abhing, wie häufig sie vorkamen.

Für den Interviewer bedeutete dieses System viel Laufarbeit, besonders in Vierteln, in denen bevorzugt Ein- und Zweifamilienhäuser standen. Doch diese zeitaufwendige Laufarbeit honorierte MARPLAN nicht.

Bald begann ich daher zu mogeln. Wenn sich zum Beispiel abzeichnete, daß ich bereits auf den ersten 500 Metern meine Umfrage durchführen konnte, begann ich die letzten Namen abzuändern. Vor Ort sah das so aus: MARPLAN verlangte vierzehn Interviews, und bereits nach 500 Metern hatte ich erfolgreich zwölf Haushalte ermittelt. Jetzt ersparte ich mir die weitere Suche nach zwei Familien, deren Name mit einem der mir vorgegebenen Buchstaben begann. Vielmehr las ich einen Namen, den ich nach der Buchstabenkombination B–F–N–O–T nicht nehmen durfte, von der Klingel ab, zum Beispiel Andresen oder Richter, und setzte davor einen Phantasienamen.

RANDOM-ROUTE-ANWEISUNG

<u>4 630</u>　　　<u>Bochum</u>
Postleitzahl　　　　Gemeinde

Ortskennziffer　　　　　　　　　　　Sample Point

(Diese Angaben bitte in den Kopf der Adressenliste übertragen).

Bitte suchen Sie nach folgender Anweisung die Begehungsstraße aus. Sie benötigen hierzu entweder einen Stadtplan mit Straßenverzeichnis, der das gesamte Gebiet der Gemeinde abdeckt, oder ein Straßenverzeichnis der Gemeindeverwaltung.

Suchen Sie die erste Straße, mit dem Buchstaben ___S___ und zählen Sie im Verzeichnis dann __2__ Straßen weiter. Sollten Sie dabei an das Ende des Verzeichnisses kommen, so zählen Sie vom Anfang des Verzeichnisses an wieder weiter. Die so ermittelte Straße ist die Straße, in der Sie die Adressenermittlung beginnen.

In dieser Straße ermitteln Sie die vorgesehene Anzahl von Haushalten, indem Sie bei der höchsten/ niedrigsten Nummer anfangen und von dort in absteigender/aufsteigender Nummernfolge jedes Haus aufsuchen und alle Haushalte notieren, deren Familienname mit irgendeinem der folgenden Buchstaben beginnen:

B F N O T

(Vermerken Sie bitte auf der Adressenliste, welchen Stadtplan Sie verwandt haben).

Bei der Erfassung begehen Sie beide Straßenseiten, d. h. gehen Sie zunächst in der oben angegebenen Nummernfolge auf der Straßenseite auf der Sie beginnen weiter und notieren alle Haushalte mit den vorgegebenen Anfangsbuchstaben. Haben Sie ca. die Hälfte der aufzulistenden Haushalte notiert, gehen Sie zum Ausgangspunkt zurück. Wechseln Sie bitte auf die andere Straßenseite und erfassen Sie genauso die restlichen Haushalte. Kommen Sie zum Ende der Straße, ohne die vorgesehene Anzahl von Haushalten gefunden zu haben, so gehen Sie in der Straße, auf die Ihre ursprüngliche Zielstraße stößt, nach der Seite weiter, auf der das letzte erfaßte Haus stand. Kommen Sie in eine Sackgasse oder mündet die Straße in unbebautem Gelände, so gehen Sie zum anderen Ende der Straße und verfahren dort wie oben ausgeführt.

Bei Orten, in denen es keine Straßen mit dem o. g. Anfangsbuchstaben gibt, beginnen Sie mit dem
　　　nördlichsten / westlichsten / südlichsten / östlichsten
　　　Haus der Gemeinde und gehen in Richtung Ortsmitte
　　　Gemeindehaus und gehen in Richtung Ortsrand.

Achtung: Einzelhäuser und Ortsteile beachten! Sollten Sie dabei nicht die benötigte Anzahl von Adressen gefunden haben, so gehen Sie von der Ortsmitte in anderer Richtung weiter (NUR UNTERSTRICHENES GILT).

(Bei Orten unter 5.000 Einwohnern nehmen Sie jeden 3. Haushalt auf.)

Bitte erfassen Sie so ___6___ Adressen.
Alle Namen und Anschriften bitte in BLOCKBUCHSTABEN eintragen.
In kleineren Orten, in denen es keine Straßenbezeichnungen gibt, notieren Sie nur Namen und Hausnummern.

Es wird nur die Bevölkerung in Privat-Haushalten erfaßt (keine Anstaltshaushalte und Altersheime o.ä. erfassen). Bei großen Wohnblocks und Hochhäusern dürfen pro Hauseingang nicht mehr als 4 Haushalte aufgenommen werden.

Erst nachdem Sie die benötigten Adressen erfaßt haben, beginnen Sie mit dem Interview.

Anlage 25

So wurde aus der Familie Andresen die Familie Becker-Andresen oder aus der Familie Richter die Familie Faber-Richter.

Begünstigt wird diese Methode durch das neue bundesrepublikanische Namensrecht, nach dem zum Beispiel der Mann weiter Andresen heißt, die Frau aber ihren Geburtsnamen vor den Familiennamen setzt, also eben Becker-Andresen. Für die Kontrolleure in den Meinungsforschungsgesellschaften ist diese Mogelei kaum erkennbar, zumal die Adresse bestehen bleibt und der Postbote mithin den Kontrollbrief zustellen kann.

Nach einem halben Jahr aber war ich so überlastet mit Aufträgen, daß ich auch diese Tricks nicht mehr anwendete. Ich knüpfte meine Kontakte jetzt in wenigen Häusern. Dabei kümmerte ich mich nicht mehr um die vorgegebenen Buchstaben, und auch die Namen der Zielpersonen interessierten mich kaum noch. Wichtig war allein, daß ich aufgeschlossene, kooperationswillige Menschen antraf, die mir fünf Minuten Rede und Antwort standen und das auch später bestätigten.

Bei dieser Vorgehensweise ging ich das Risiko ein, daß MARPLAN mir kündigte. Doch sie kritisierten mich nie. Dabei bescheinigten die befragten Haushalte Fünf-Minuten-Kontakte, wo ich mindestens eine halbe Stunde hätte verbringen müssen. MARPLAN honorierte alle diese Aufträge und setzte mich weiter als Interviewer ein.

Vierzehn Befragungen mußte der Interviewer bei MARPLAN in den 70er Jahren pro Auftrag (= pro »Point«) durchführen. In den 80er Jahren reduzierte die Meinungsforschungsgesellschaft die Anzahl der Befragungen pro Point auf dreizehn. Erst Anfang der 90er Jahre schaffte MARPLAN das Buchstabensystem ab und ersetzte es durch den »Hammelsprung«.

Im Juli 1978 kündigte MARPLAN die Zusammenarbeit mit mir auf. Auslöser war eine normale Standardumfrage: Ich hätte in der vorgegebenen Straße ungenau gearbeitet, kritisierte die Meinungsforschungsgesellschaft. Die Bögen seien nicht ordnungsgemäß ausgefüllt, die Familien, die ich angeblich befragt hätte, bestritten eine Befragung, und wenn ich gefragt hätte, dann seien es nur fünf Minuten gewesen.

Ich suchte daraufhin noch einmal verschiedene Haushalte auf, die ich für diese Umfrage ausgewählt hatte, und bat sie, meine Befragung zu bestätigen. Doch auch das half mir nichts mehr: MARPLAN entließ mich zum ersten Mal im Juli 1978. Sie versprachen mir noch, meine persönlichen Daten zu löschen und mir davon anschließend eine schriftliche Bestätigung zuzuschicken. Aber auf diese Bestätigung warte ich heute noch.

Als Co-Interviewer blieb ich MARPLAN in den nächsten zweieinhalb Jahren erhalten, denn die Mitglieder der Gruppe waren froh, daß ich sie von vielen Aufträgen entlastete. Ich war MARPLAN als Co-Interviewer sogar hochwillkommen. Wichtig war allein, daß mich ein erfahrener Interviewer aus dem MARPLAN-Stab einführte und betreute. Auflagen, die für mich eigentlich nicht nötig waren, die von den Kollegen in meiner Gruppe aber leicht erfüllt werden konnten.

Im November 1980 bewarb ich mich wieder offiziell bei MARPLAN: Die Arbeit als Co-Interviewer war immer wesentlich aufwendiger, als wenn ich zum festen Mitarbeiterstab der Meinungsforschungsgesellschaften gehörte. Denn die Kritik aus den Zentralen traf nicht den Co-Interviewer, sondern den Hauptinterviewer, für den ich den Auftrag ausführte. Und das war mir unangenehm.

Also bemühte ich mich als Co-Interviewer immer, die Regeln soweit als möglich einzuhalten und auch die Kontakte sorgfältig und gründlich zu sichern.

Ich hatte mich bei MARPLAN unter dem männlichen Pseudonym »Pär von Reth« beworben und wurde unter diesem Namen als freiberuflicher Interviewer in den Stab aufgenommen. Über ein Jahr lang arbeitete ich zügig und weitgehend ungetadelt die Aufträge ab.

Am 29. Juni 1982 erreichte mich die erste scharfe Kritik der Geschäftsleitung. Streitpunkt waren meine Fragebögen zu einer Mediaanalyse: Bei den sechs Interviews, die ich für MARPLAN zu diesem Thema durchgeführt hatte, hätte ich den Befragten nicht die farbigen Kärtchen vorgelegt, auf denen die Titel von Zeitschriften abgedruckt waren. Und darüber hinaus hätten meine Befragten

»kaum mehr als eine oder zwei der aufgeführten 97 Zeitschriften jemals in der Hand gehabt. Das ist so unwahrscheinlich, daß wir an der Echtheit der Interviews ernste Zweifel haben.«

Man kann sicherlich darüber streiten, wie viele Zeitschriften ein Befragter schon einmal *gesehen* oder *in der Hand gehabt* oder *schon mal geblättert oder gelesen* hat (vgl. Anlage 26).

Ich legte den Befragten bereits seit langer Zeit nicht mehr alle Kärtchen mit den Abbildungen der Zeitschriften vor. Kaum ein Interviewer zückte Stück für Stück mit einer angemessenen Pause zum Nachdenken insgesamt 97 Kärtchen. Das hätte jeden Zeitrahmen gesprengt. Und keine noch so gutwillige Befragungsperson hätte diese Prozedur über sich ergehen lassen. Hier zeigt sich wieder, wie weltfremd die Fragebögen der Meinungsforschungsgesellschaften oft konstruiert sind.

SCHEMA ZU DEN FRAGEN 29, 30A UND 30B

			Frage 29				Frage 30A	Frage 30B			
	von Frage 24 →		Zuletzt durchgeblättert oder gelesen					Zuletzt durchgeblättert oder gelesen ...			
Nr.	Zeitschrift	schon mal geblättert oder gelesen	in den letzten 3 Monaten	½ - ¼ Jahr her	länger her		von 12 Ausgaben	in den letzten 7 Tagen	8 bis 14 Tage her	2 - 3 Wochen her	länger her
01	die aktuelle	14- 1	15- 1	2	3		16-	17- 1	2	3	4
02	Bild + Funk	18- 1	19- 1	2	3		20-	21- 1	2	3	4
04	Bunte	22- 1	23- 1	2	3		24-	25- 1	2	3	4
09	Echo der Frau	26- 1	27- 1	2	3		28-	29- 1	2	3	4
15	Focus	30- 1	31- 1	2	3		32-	33- 1	2	3	4
16	Frau im Spiegel	34- 1	35- 1	2	3		36-	37- 1	2	3	4
17	Freizeit Revue	38- 1	39- 1	2	3		40-	41- 1	2	3	4
21	Glücksrevue	42- 1	43- 1	2	3		44-	45- 1	2	3	4
22	Gong	46- 1	47- 1	2	3		48-	49- 1	2	3	4
25	HörZu	50- 1	51- 1	2	3		52-	53- 1	2	3	4
31	Neue Revue	54- 1	55- 1	2	3		56-	57- 1	2	3	4
35	Schöner Wohnen	58- 1	59- 1	2	3		60-	61- 1	2	3	4
36	Der Spiegel	62- 1	63- 1	2	3		64-	65- 1	2	3	4
37	stern	66- 1	67- 1	2	3		68-	69- 1	2	3	4
38	Super Illu	70- 1	71- 1	2	3		72-	73- 1	2	3	4
41	tina	74- 1	75- 1	2	3		76-	77- 78-80/R 1	2	3	4
46	Die Woche	10- 1	11- 1	2	3		12-	13- 1	2	3	4
47	Wochenpost	14- 1	15- 1	2	3		16-	17- 1	2	3	4
48	Die Zeit	18- 1	19- 1	2	3		20-	21- 1	2	3	4

Anlage 26

MARPLAN änderte trotz aller Kritik aus den Reihen der Interviewer nichts an diesem System. In den 90er Jahren zog ich immer noch für die Mediastudie mit Fragebögen und umfangreichen Kartenspielen durch die Haushalte. Ich änderte auch nichts an meinem System, zeigte weiterhin nur einige wenige Kärtchen, trotzdem blieb ich weitgehend unbehelligt und erhielt daher auch das komplette Honorar.

Auf die Vorwürfe von MARPLAN im Juni 1982 reagierte ich nicht. Ich war mit Aufträgen überlastet, und mir fehlte deshalb die Zeit für den aufwendigen Briefwechsel. MARPLAN beschäftigte mich trotz der »ernsten Zweifel« an der Echtheit meiner Interviews weiter, schickte mir große und kleine Umfragen zur Bearbeitung zu. Manchmal kamen wochenlang keine Aufträge, und dann wieder kamen so viele, daß ich die Arbeit kaum bewältigen konnte.

Im Januar 1987 kündigte mir MARPLAN erneut die Zusammenarbeit auf, doch wie nach meiner ersten Kündigung arbeitete ich als Co-Interviewer weiter an MARPLAN-Studien mit.

Im Mai 1987 jedoch baten mich die anderen Mitglieder unserer Gruppe eindringlich, wieder offiziell bei MARPLAN anzufangen, denn dadurch sei die Gruppenarbeit effektiver zu bewältigen. Also bewarb ich mich unter dem Mädchennamen meiner Frau, Marianne Wachtel, und mit ihren Jugendfotos im Sommer 1987 wieder bei MARPLAN.

Sie nahmen mich in ihren Interviewerstab auf, und ich arbeitete nach bewährter Methode ihre Studien ab: Kernfragen stellen und den Kontakt gut sichern. Zu Hause vervollständigte ich dann plausibel den Rest der Bögen.

Die Intensivkontrollen meiner Bögen verliefen immer negativ, doch MARPLAN rührte sich nicht. Manchmal verstrichen Jahre, ehe der Interviewer dann plötzlich einen dieser »roten Briefe« zugeschickt bekam: Die Meinungsforschungsgesellschaft pflegte nämlich ihre Disziplinierungsbriefe auf rotem Papier zu drucken.

Schlimm war es, wenn sechs Kontakte zehn negative Ergebnisse brachten. Wie zum Beispiel bei einem »Polit-Panel«, das ich für MARPLAN durchführte. Dazu hieß es in der Anleitung:

»Beiliegend erhalten Sie die Unterlagen zur ersten Befragungswelle eines Panels, das verschiedene politische Themen zum Inhalt hat. ›Panel‹ heißt, daß alle Personen, die für diese Befragung rekrutiert werden, auch im nächsten Jahr wieder befragt werden sollen.«

Sechs wahlberechtigte deutsche Männer und Frauen sollte ich für diese Umfrage suchen. Adressenvorgaben lieferte MARPLAN keine, sondern ich mußte anhand des »Schwedenschlüssels« (vgl. S. 16 f.) in einer Zufallsstraße die Zielpersonen kontakten. Nur sechs Personen sollte ich suchen, doch ich fand keine, die bereit gewesen wäre, jetzt auch schon eine feste Zusage für eine Befragung im nächsten Jahr abzugeben.

Für den Bogen zahlte MARPLAN 16 Mark, zuzüglich 2,50 Mark Spesen. 18,50 Mark für einen komplizierten Fragebogen sowie die schwierige, fast quälende Suche nach jemandem, der bereit war, diese Prozedur heute und in einem Jahr noch mal über sich ergehen zu lassen.

Vielleicht teilte mir MARPLAN eine 15 Kilometer entfernte Zielstraße zu, dann fuhr ich für eine Anfahrt und zurück 30 Kilometer. Mit der Personenauswahl anhand der Zufallszahlenreihe »Schwedenschlüssel« traf man aber beim erstenmal in den wenigsten Fällen die Zielperson an. Also mußte man einen Termin vereinbaren und wiederkommen: Da summierten sich zwei Anfahrten schon zu 60 Kilometern.

Diese Politumfragen bedeuteten für die Interviewer immer viel Arbeit, und meiner Einschätzung nach vermitteln sie keine Meinungsbilder, sondern Bilder der augenblicklichen Gemütslage der Menschen. Doch dabei konnte es zu Plausibilitätsdifferenzen kommen: Jemand, der im Fragebogen der Aussage »voll und ganz zustimmt«, daß die Zeit in Nordrhein-Westfalen reif für einen »politischen Wechsel« sei, der darf sich nicht als SPD-Wähler entpuppen. Der darf auch nicht die Einrichtung von sogenannten »Coffee-shops« befürworten, in denen Drogenabhängige wie in Holland legal ihr Rauschmittel kaufen können. Und der darf den Ministern der SPD-Landesregierung auf der Sympathieskala (vgl. Anlage 27) keine allzu hohen Werte einräumen.

MARPLAN zog immer den Interviewer zur Verantwortung, wenn es in den Fragebögen Unstimmigkeiten gab. Die Menschen mußten in das Schema der Kontrolleure passen, sonst hagelte es Kritik: Ein SPD-Anhänger, der den nordrhein-westfälischen CDU-Vorsitzenden und Bundesarbeitsminister Norbert Blüm mit einem hohen Sympathiewert belegte, rief die Kontrolleure auf den Plan. Das schien nicht plausibel, selbst wenn der Befragte den hohen Sympathiewert mit persönlichen Gründen rechtfertigte.

Doch die Zielpersonen mußten viele komplizierte Fragen zu Politik und Gesellschaft beantworten, sie mußten nachdenken, bewerten, verwerfen. Der Interviewer half, so gut er konnte:

5. Ich würde nun gerne wissen, was Sie von einigen Politikern halten, sofern sie Ihnen bekannt sind.

INT.: Liste 6 vorlegen und Antworten unten im Schema kringeln

Bitte benutzen Sie dazu diese Skala. Je sympathischer Ihnen der Politiker ist, desto positiver ist der Wert, den Sie vergeben. Je weiter Sie in den negativen Bereich der Skala gehen, desto mehr lehnen Sie ihn ab.

Politiker	+5	+4	+3	+2	+1	0	-1	-2	-3	-4	-5	Politiker nicht bekannt
Johannes Rau						(0)						Y
Anke Brunn						(0)						Y
Ilse Brusis					(+1)							Y
Wolfgang Clement						(0)						Y
Günther Einert						(0)						Y
Franz-Josef Kniola							(-1)					Y
Rolf Krumsiek						(0)						Y
Klaus Matthiesen						(0)						Y
Franz Müntefering					(+1)							Y
Ilse Ridder-Melchers				(+2)								Y
Heinz Schleußer								(-2)				Y
Herbert Schnoor							(-1)					Y
Hans Schwier						(0)						Y
Norbert Blüm							(-1)					Y
Friedhelm Farthmann							(-1)					Y
Bärbel Höhn						(0)						Y
Helmut Linssen						(0)						Y
Jürgen Möllemann							(-1)					Y
Achim Rohde							(-1)					Y
Michael Vesper						(0)						Y
Christoph Zöpel							(-1)					Y

Anlage 27

»Was würden Sie allgemein zur Demokratie in der Bundesrepublik Deutschland, das heißt zu unserem ganzen politischen System sagen? Sind Sie damit sehr zufrieden, eher zufrieden, eher unzufrieden, sehr unzufrieden?«

Diese Frage verkürzte der erfahrene Interviewer auf:

»Sind Sie mit unserem politischen System zufrieden?« Hatte die Befragungsperson etwas zu kritisieren, würde sie es sagen. Der Interviewer würde in diesem vierstufigen Bewertungstreppchen dann schon die richtige Antwort ankringeln. Und so ging es weiter im politischen Panel:

»Ich habe hier sechs Kärtchen mit den Namen politischer Parteien in der Bundesrepublik. Würden Sie bitte die Kärtchen danach ordnen, wie Ihnen die Parteien gefallen. Ganz oben soll die Partei liegen, die Ihnen am besten gefällt, und als letztes Kästchen liegt dann die Partei, die Ihnen am wenigsten gefällt.«

Diese Frage war überflüssig, nachdem die politische Meinung der Zielperson längst durch die vielen Fragen zum Wahlverhalten und zu den politischen Parteien deutlich herausgefiltert war. Aber der erfahrene Interviewer blätterte die Karten sowieso nicht mehr auf den Tisch. Solche Spiele erledigte ich zu Hause.

Mir ist es auch schon passiert, daß ich die falschen Kärtchen zu einer Frage offerierte. Keiner bemerkte den Irrtum, weder der Befragte noch der Interviewer. Erst zu Hause fiel es mir auf. Bei sechs Bögen ließen sich Fehler noch korrigieren. Bei 20 aber mußte der Interviewer schon darüber hinweggehen, denn die Umfragezeiträume waren bei MARPLAN immer äußerst knapp bemessen. Wenn da der Abgabetermin drängte, malten wir die Bögen nur noch schnell aus in der Hoffnung, die Kontrolleure ließen sie anstandslos passieren.

Die politischen Umfragen unterlagen bei MARPLAN strengen Kontrollen. Das Problem dabei war, daß man keinen dazu verpflichten kann, die Kontrollkarten mit den Bestätigungen zurückzuschicken. Meiner Erfahrung nach kümmerten sich die Menschen zumeist nicht weiter um die Kontrollbriefe, sondern warfen sie einfach weg.

MARPLAN reklamierte oft, daß zu wenig Kontrollkarten zurückgekommen seien, und bat mich um eine Stellungnahme, wie zum Beispiel in dem Brief vom 14. Mai 1992 (vgl. Anlage 28). In meinen Briefen antwortete ich MARPLAN, daß ich die Befragten immer eindringlich auf die Kontrollkarten hinweisen würde. Doch das Problem sei MARPLAN sicher nicht unbekannt, und schließlich könne man niemanden zwingen, die Bestätigung zurückzuschicken.

Kontrollen folgten auf Kontrollen, und auf die Briefe der Kontrolleure folgten meine Stellungnahmen. Manchmal gab es sogar Lob. Nie aber fragte MARPLAN bei Marianne Wachtel nach, warum immer ein Mann ihre Aufträge erledige. Keine Kritik auch an den Fünf-Minuten-Befragungen zwischen Tür und Angel. Dabei war all das MARPLAN bekannt, wie Anlage 29 belegt. Die Kontrolleure nahmen statt dessen nur zu einer Anmerkung auf der Kontrollkarte Stellung: »Wir möchten Sie darauf hinweisen, daß Sie den Befragten klar und unmißverständlich darlegen, daß es sich um eine Markt- und Meinungsumfrage handelt.« (Vgl. Anlage 30) Die Honorare für die erledigten Aufträge überwies MARPLAN, also hatten sie sie auch ausgewertet.

Im Dezember 1992 allerdings schrieb MARPLAN den Kündigungsbrief, mit einer Begründung, nach der die

MARPLAN
FORSCHUNGSGESELLSCHAFT MBH

Marktplatz 9
6050 OFFENBACH AM MAIN
Telefon (0 69) 80 59-0
Telefax (0 69) 80 59 243

Abt.:
Datum:

Betr.: Kontrolle Projekt

Nr.:_____ Interv.Nr.:_____

Ihre Befragung im Monat: _April_ in: _Bochum_

Sehr geehrte (r) ~~_____~~

nach den Regeln unseres Berufsstandes und den vertraglichen Verpflichtungen gegenüber unseren Auftraggebern, sind wir gehalten, die von Ihnen erledigten Interviews zu kontrollieren.
Bei der o.g. Kontrolle ist der Sample-Point

Nr.: _87_ mit _13_ Adressen,

schriftlich/telefonisch/persönlich kontrolliert worden.

Hierbei wurden folgende Feststellungen getroffen:

_____2_____ Interviews wurden bestätigt.
_____ Interviews wurden verneint.
_____ Empfänger unbekannt.
_____ Empfänger unbekannt verzogen.
_____11_____ Kontrollanfragen blieben unbeantwortet.
_____ Interviews mit folgenden Beanstandungen und Hinweisen

---> b.w.

Anlage 28

Absender:

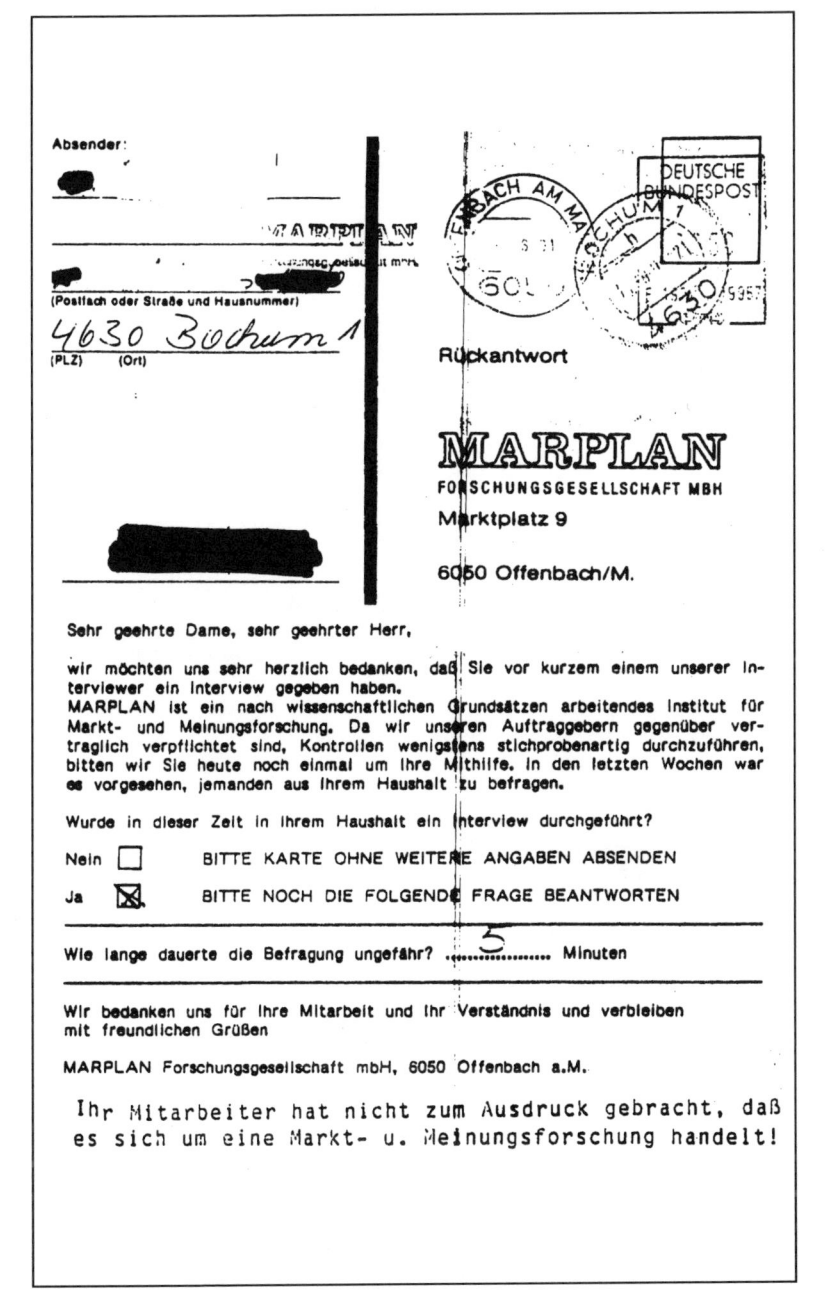

(Postfach oder Straße und Hausnummer)

4630 Bochum 1
(PLZ)   (Ort)

Rückantwort

MARPLAN
FORSCHUNGSGESELLSCHAFT MBH
Marktplatz 9

6050 Offenbach/M.

Sehr geehrte Dame, sehr geehrter Herr,

wir möchten uns sehr herzlich bedanken, daß Sie vor kurzem einem unserer Interviewer ein Interview gegeben haben.
MARPLAN ist ein nach wissenschaftlichen Grundsätzen arbeitendes Institut für Markt- und Meinungsforschung. Da wir unseren Auftraggebern gegenüber vertraglich verpflichtet sind, Kontrollen wenigstens stichprobenartig durchzuführen, bitten wir Sie heute noch einmal um Ihre Mithilfe. In den letzten Wochen war es vorgesehen, jemanden aus Ihrem Haushalt zu befragen.

Wurde in dieser Zeit in Ihrem Haushalt ein Interview durchgeführt?

Nein ☐   BITTE KARTE OHNE WEITERE ANGABEN ABSENDEN

Ja ☒   BITTE NOCH DIE FOLGENDE FRAGE BEANTWORTEN

Wie lange dauerte die Befragung ungefähr? ....5........ Minuten

Wir bedanken uns für Ihre Mitarbeit und Ihr Verständnis und verbleiben mit freundlichen Grüßen

MARPLAN Forschungsgesellschaft mbH, 6050 Offenbach a.M.

Ihr Mitarbeiter hat nicht zum Ausdruck gebracht, daß es sich um eine Markt- u. Meinungsforschung handelt!

Anlage 29

MARPLAN
FORSCHUNGSGESELLSCHAFT MBH

SPA

6050 OFFENBACH AM MAIN
Telefon
Telefax

Frau
Marianne Wachtel

Bochum

15. August 1991
na

Sehr geehrte Frau Wachtel,

wir haben Ihre Interviews von ▓▓▓▓▓ in der Kontrolle. Bis heute haben fünf Befragte die Interviews bestätigt. Der Grund unseres Schreibens ist die Anmerkung von ▓▓▓▓▓ auf der Kontrollkarte.
Wir möchten Sie darauf hinweisen, daß Sie den Befragten klar und unmißverständlich darlegen, daß es sich um eine Markt- und Meinungsumfrage handelt.

Mit freundlichen Grüßen

Kontrolle

Meinungsforschungsgesellschaft mir schon im Sommer 1987 hätte kündigen müssen, als ich unter dem Namen Marianne Wachtel wieder bei MARPLAN begann: Ich hätte die Filterführung nicht beachtet und die Interviews gefälscht (vgl. Anlage 31).

Fünfeinhalb Jahre hatte MARPLAN meine Arbeitsweise und die dabei erhaltenen Umfrageergebnisse gebilligt, denn sie hatten sie regelmäßig honoriert. In meinem Antwortschreiben wies ich darauf hin. Daneben wiederholte ich auch meine Kritik an der Komplexität und Größe der Fragebögen, die in dieser Form zu den situativen Gegebenheiten vor Ort nicht abfragbar seien.

MARPLAN überwies zwar trotz vermeintlicher Fälschung am 18. Januar 1993 meine letzten Honorare, hielt aber die Kündigung aufrecht. Ich bekam keine Chance, mich zu rehabilitieren. Dabei wissen die Demoskopen längst, daß die Mehrheit der Bevölkerung sich Befragungen entzieht. Nur 17 Prozent der Bürger seien bereit, sich befragen zu lassen, las ich kürzlich in einer demoskopischen Zeitschrift. Doch wer weiß schon, wie diese Umfrage zustande gekommen ist?

Dennoch bewarb ich mich im Januar 1993 unter dem männlichen Pseudonym Lars Wanter wieder bei MARPLAN. Nachdem ich alle formalen und bürokratischen Hürden übersprungen hatte, nahm mich die Meinungsforschungsgesellschaft in ihren Interviewerstab auf. MARPLAN beglückwünschte sogar ausdrücklich meinen erfolgreichen Einstieg (vgl. Anlage 32), dabei hatte ich nur drei Probebögen ausfüllen müssen.

Fast täglich beschäftigte ich mich jetzt wieder mit MARPLAN-Studien. Natürlich erreichten mich auch wieder Briefe der Kontrollabteilung, in denen ich gebeten

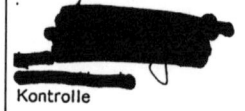

MARPLAN
FORSCHUNGSGESELLSCHAFT MBH

OFFENBACH AM MAIN

Frau
Marianne Wachtel

Bochum

10. Dezember 1992

Sehr geehrte Frau Wachtel,

Ihre Interviews von Projekt ▬▬▬ Studie, in Bochum und Essen, fielen in der Auswertung durch gravierende Fehler auf. Bereits im vergangen Jahr hatten wir Sie daraufhingewiesen, daß Sie die Filterführung nicht beachtet haben. Bei Einmalnennungen, haben Sie trotzdem sämtliche Interviews mit Mehrfachnennungen ausgefüllt. Diese Interviews sind für uns wertlos und können nicht honoriert werden.

Die daraufhin noch durchgeführte telefonische Kontrolle ergab, daß Sie diese Interviews eindeutig gefälscht haben.

Wir verzichten ab sofort auf Ihre Mitarbeit. Sämtliche Marplan Unterlagen und Ihren Interviewer-Ausweis schicken Sie bitte unverzüglich zurück.

Mit freundlichen Grüßen

Kontrolle

Anlage 31

MARPLAN
FORSCHUNGSGESELLSCHAFT MBH

OFFENBACH AM MAIN
Telefon
Telefax

Herrn
Lars Wanter

10. Februar 1993

Essen-Altendorf

Sehr geehrter Herr Wanter,

herzlichen Glückwunsch, die Schulung haben Sie erfolgreich hinter sich gebracht. Schauen Sie sich bitte die Korrektur Ihrer Interviews in Verbindung mit den angekreuzten Fehlern auf dem roten Kontrollzettel an.

Ihre Interviewer-Nummer ist: 5061. Ortskennziffer und die Telefonnummer Ihrer Sachbearbeiterin finden Sie auf der Innenseite der Arbeitsrichtlinien für Interviewer. Haben Sie zukünftig Fragen, so rufen Sie unter der angegebenen Telefonnummer an. Dabei müssen Sie unbedingt Ihre Interview-Nummer und die Projektnummer angeben, auf die sich Ihre Fragen beziehen.

Bei Befragungen an Ihrem Wohnort werden Sie keine Ortskennziffer in der Adressenliste oder dem Quotenplan finden. In diesem Fall ist dann die Ortskennziffer, die in den Arbeitsrichtlinien angegeben ist, einzutragen.

Durch die Schulungsinterviews haben Sie die Technik des Interviewens kennengelernt und die ersten Interviews mit fremden Menschen durchgeführt. Sicherlich wird die Kontaktaufnahme mit den Haushalten und die Auswahl der Zielperson im Haushalt für Sie zunächst der schwierigere Teil sein. Lassen Sie sich nicht entmutigen, falls Sie gleich zu Anfang mehrere Verweigerungen haben sollten. Wenn es auch anfangs nicht leicht fällt, nehmen Sie Absagen nicht persönlich!

Demnächst werden Sie Ihren ersten richtigen Auftrag zur Bearbeitung erhalten. Wir drücken Ihnen die Daumen und wünschen Ihnen viel Erfolg.

Mit freundlichen Grüßen

Anwerbungsabteilung   Feldabteilung

Anlage 32

wurde zu kommentieren, warum so wenig befragte Personen ihre Kontrollkarten zurückschicken würden.

Ein äußerst negativer Kontrollvermerk erreichte mich Anfang August 1993: Nur drei von zwölf Kontrollkarten kamen zu MARPLAN zurück. Ein ähnliches Ergebnis listete MARPLAN am 30. August 1993 auf: Vier Karten kamen zurück, acht blieben unbeantwortet. Diese vier Rückläufe aber bescheinigten eine Befragungsdauer, die zum Teil erheblich unter dem geforderten Zeitlimit lag: Zwei Karten bestätigten Interviews von 5 Minuten, die anderen zwei von 15 Minuten Länge. Trotzdem überwies MARPLAN die Honorare.

Das setzte sich auch in den nächsten Monaten fort: Am Nikolaustag 1993 listete MARPLAN zwei bestätigte Interviews, einen unbekannten Empfänger und neun unbeantwortete Kontrollanfragen auf. Am 9. Dezember dagegen wurde ich gelobt: Von sechs Kontrollanfragen kamen zwei Drittel (4) zurück, und nur zwei blieben unbeantwortet.

Am 18. Februar 1994 reklamierte MARPLAN wiederum einen Auftrag, legte diesmal aber gleichzeitig die von mir ausgefüllte Adressenliste hinzu. Dabei hätte diese Adressenliste laut Datenschutzerklärung der MARPLAN nicht mehr auftauchen dürfen. In dieser Datenschutzerklärung heißt es unter anderem (vgl. Anlage 33, Absatz 2):

»Die Adresse bleibt im Institut, jedoch nur bis zum Abschluß der Gesamtuntersuchung.«

Am 2. Februar hatte mir MARPLAN das Honorar für diesen Auftrag überwiesen. Mithin war die Studie abgeschlossen. Doch die Adressen befanden sich entgegen der Datenschutzerklärung immer noch im Institut. Und wenn auch der Auftraggeber die Daten in anonymisierter Form erhält, in den Meinungsforschungsinstituten ist man

Was geschieht mit Ihren Angaben?

(1) Unser(e) Mitarbeiter(in) trägt Ihre Angaben in den Fragebogen ein, z. B. so:
Rauchen Sie, wenn auch nur gelegentlich, Fabrikcigaretten?   Ja   (1)
                                                                                                   Nein   2

(2) Im Institut sind Adresse und Frageteil voneinander getrennt. Beide haben eine Code-Nummer. Wer dann den Fragebogen liest, sieht also die Adresse nicht und wer die Adresse hat, weiß nicht, welche Angaben im Fragebogen gemacht werden. Die Adresse bleibt im Institut, jedoch nur bis zum Abschluß der Gesamtuntersuchung. Sie dient nur dazu, Sie später für ein neues Interview noch einmal anzuschreiben oder anzurufen.

(3) Die Interviewdaten des Frageteils werden in Zahlen umgesetzt, ohne Ihren Namen und ohne Adresse, also anonymisiert auf eine Lochkarte gebracht oder auf ein Datenband (ähnlich wie bei einem Tonband oder einer Kassette).

(4) Dann werden die Interviewdaten (ohne Namen und Adresse) von einem Computer ausgewertet. Der Computer zählt z. B. alle Antworten für Raucher und Nichtraucher und errechnet die Prozentergebnisse.

(5) Das Gesamtergebnis und die Ergebnisse von Teilgruppen

	Gesamt	Arbeiter	Angestellte
Cigaretten-Raucher	35 %	28 %	43 %
Nichtraucher	65 %	72 %	57 %

(6) Auch bei einer weiteren Befragung wird Ihr Name und Ihre Anschrift stets von den Daten des Frageteils getrennt. Bei der Auswertung vergleicht der Computer — während er rechnet — pro Person, aber er tut das über eine Code-Nummer (also niemals über Namen!), und druckt dann die Ergebnisse genauso anonymisiert aus wie bei einer Einmalbefragung.

(7) In jedem Fall gilt also:
- Ihre Teilnahme am Interview ist <u>freiwillig</u>.
- Es ist selbstverständlich, daß MARPLAN <u>alle Vorschriften des Bundesdatenschutzgesetzes einhält.</u>
- <u>Sie können absolut sicher sein,</u> daß MARPLAN
  - Ihren Namen und Ihre Anschrift nicht wieder mit Ihren Interviewdaten zusammenführt, so daß niemand erfährt, welche Antworten Sie gegeben haben.
  - Ihren Namen und Ihre Anschrift nicht an Dritte weitergibt.
  - Keine Einzeldaten an Dritte weitergibt, die einen Rückschluß auf Ihre Person zulassen.

Wir danken Ihnen für Ihre Mitwirkung und für Ihr Vertrauen in unsere Arbeit.

Anlage 33

immer in der Lage, die persönlichen Daten mit den Antwortbögen zusammenzuführen.

Auf die Kritik vom 18. Februar 1994 über die am 18. Januar durchgeführte Kontrolle antwortete ich sofort am 19. Februar 1994 mit einem Brief, in dem ich meinerseits MARPLAN kritisierte (vgl. Anlage 34). Das Unternehmen reagierte postwendend mit der Kündigung. Auf die Bestätigung, daß MARPLAN meine Mitarbeiterdaten gelöscht hat, warte ich bis heute. Dafür aber hat MARPLAN endlich, nach eineinhalb Jahren, die Mitarbeiterdaten von Marianne Wachtel zumindest in ihren elektronischen Datenverarbeitungsgeräten gelöscht. Das teilte mir das Meinungsforschungsinstitut am 25. April 1994 schriftlich mit. Doch damit sind meine Unterlagen bei MARPLAN noch lange nicht vollständig aus den Akten entfernt. In demselben Brief nämlich gesteht die Meinungsforschungsgesellschaft, daß noch mein Bewerbungsbogen existiere, und der müsse

> »einen bestimmten Zeitraum aufbewahrt werden, um bei Nachfragen, zum Beispiel der Steuer, eine Unterlage vorweisen zu können«.

Wie lange dieser »bestimmte Zeitraum« sich hinziehen wird, darüber macht MARPLAN keine Angaben.

Lars Wanter   45143 Essen, dem 19. Februar 1994

Marplan mbH
Forschungsgesellschaft

Offenbach/Main

Betr.: Kontrolle am 18. o1. 1994

Sehr geehrte Frau ▓▓▓▓▓

   das Kontrollergebnis: 1o Kontrollanfragen blieben unbeantwortet, 1 Empfänger unbekannt, 1 Interview wurde bestätigt. Darüber jetzt zu diskutieren, wären müßig, da vorher keine anderen Ergebnisse herauskamen und sich danach am Kontrollspiegel wenig ändern dürfte.
Das Problem:
Die Fragebögen sind zu umfangreich, oft vermischt mit artfremden Themen, wobei die Leute den Interviewer für verrückt erklären. Den Leuten all dies zu erklären, fällt sehr schwer.
Die freundlichen Menschen, die sich sicherlich auf diese Dinge einlassen, muß ich stundenlang suchen. Dann kämen garantiert fünf Kontrollbriefe zurück, was noch gerade passen könnte. Aber wo ist der Interviewer, der stundenlang gezielt die freundlichen Menschen sucht? Wer den Termin einhalten will, muß zusehen, daß er im Hammelsprung den Point erledigt. Der Rest ist Illusion.
Ich kann keinen Menschen zwingen, einen Kontrollbrief zurückzuschicken. Und die Sprüche vor Ort sind bekannt: "Wenn was hinterher kommt, geht´s in den Papierkorb."

Mein Vorschlag für die Zukunft:
Einthemenbögen konzipieren. Nicht mehr als zehn Fragen zulassen. Persönliche Fragen zum Einkommen oder zur Sozialversicherung weglassen.
Wenn es so bleibt wie es jetzt ist, darf die Hauptverantwortung nicht völlig auf den Interviewer abgewältz werden.
Ich bitte um mehr Einsicht.

Mit freundlichen Grüssen

Anlage 34

8. Infas
oder Eine Episode

Meine Interviewertätigkeit für Infas begann im Juli 1975. Ich bewarb mich und wurde sofort angenommen. Infas schickte mir Schulungsmaterial zu, das ich gründlich studierte. Dennoch verstand ich nicht alles davon. Besondere Schwierigkeiten bereitete mir dabei die Umsetzung des theoretischen Schulungsmaterials in die Praxis.

Infas, das Institut für angewandte Sozialwissenschaft mit Sitz in Bonn-Bad Godesberg, wies sich gerne als gesuchter Partner von Presse, Rundfunk und Fernsehen aus:

>»Als unabhängiges Forschungsinstitut liefern wir Planungsunterlagen und Entscheidungshilfen zur Lösung von Problemen des öffentlichen und sozialen Lebens. Zu unseren wichtigsten Aufgaben zählen regelmäßige Befragungen aller Bevölkerungsschichten im gesamten Bundesgebiet zu Themen wie Stadt- und Regionalforschung (Stadtverkehr, Freizeitbedürfnisse, Sanierungsprobleme) oder der Bereich der empirischen Sozialforschung.« (Vgl. Anlage 35)

Das war eine Illusion, wie ich im Laufe der Jahre feststellen mußte. Infas ließ meinem Eindruck nach jeden als Interviewer arbeiten, wenn er nur einigermaßen höflich auftrat.

Heute ist Infas ins Gerede gekommen. Einen Schuldenberg von 200 Millionen Mark hatte das Unternehmen bis 1993 angehäuft. Nur eine Überbrückungshilfe verschiede-

Institut für angewandte Sozialwissenschaft
Bad Godesberg

Frau
Marianne Wachtel-Dorroch

Bochum

Ab 17. Mai 1980
neue Ruf-Nr.

23. Mai 1980

Sehr geehrte Frau Wachtel-Dorroch,

für Ihr Interesse, das Sie der Wirtschafts- und Sozialforschung entgegenbringen, danken wir Ihnen.

Damit Sie einen ersten allgemeinen Eindruck von unserer Arbeit gewinnen - in einem Teilbereich werden Sie ja vielleicht tätig sein - wollen wir Ihnen kurz beschreiben, welchen Zielen die Meinungsumfragen dienen und in welcher Form sie durchgeführt werden.

Als unabhängiges Forschungsinstitut liefern wir Planungsunterlagen und Entscheidungshilfen zur Lösung von Problemen des öffentlichen und sozialen Lebens. Zu unseren wichtigsten Aufgaben zählen regelmäßige Befragungen aller Bevölkerungsschichten im gesamten Bundesgebiet zu Themen wie Stadt- und Regionalforschung (Stadtverkehr, Freizeitbedürfnisse, Sanierungsprobleme) oder der Bereich der empirischen Wahlforschung.

Durch die Mitarbeit an diesen Studien - Sie müssen dann nach vorgegebenen Adressen jeweils zwischen fünf und zehn Personen befragen - haben Sie die Möglichkeit, Meinungen und Einstellungen anderer Menschen und ihre Lebensverhältnisse genau kennenzulernen.

Die Honorierung für Ihre Arbeit erfolgt nicht pauschal, sondern nach der Anzahl Ihrer erledigten und vollständigen Interviews. Der Honorarsatz ist sehr unterschiedlich, er schwankt zwischen DM 9,-- und DM 15,-- pro Interview, Fahrkosten und Telefonspesen werden ebenso wie Portoauslagen ersetzt.

Wir möchten Sie nun bitten, uns einen tabellarischen Lebenslauf, 2 Lichtbilder und den beigefügten Personalbogen und Probefragebogen ausgefüllt zuzusenden.

Mit freundlichen Grüßen

Anlage 35

ner Banken und privater Geldgeber rettete Infas vor dem Konkurs und ins »Superwahljahr 1994«. Denn in diesem Jahr und dem Jahr 1995, in dem ebenfalls einige Wahlen stattfinden, dürfte sich Infas finanziell sanieren.

Infas unterschied sich nicht von den anderen Meinungsforschungsgesellschaften: Man war schnell engagiert, schnell entlassen und unter einem Pseudonym ebenso schnell wieder als Interviewer im Stab aufgenommen.

Die Fragebögen waren äußerst kompliziert und bereiteten mir viel Kopfzerbrechen. Das bemerkte ich bald, als ich die Bögen am heimischen Schreibtisch testete. Auch die Aufträge von anderen Meinungsforschungsgesellschaften testete ich immer, bevor ich mit ihnen von Haushalt zu Haushalt zog, um die Diskrepanz zwischen Anspruch und Wirklichkeit beurteilen zu können. Doch bei Infas war die Diskrepanz besonders groß: Auf drei Wochen hatte die Meinungsforschungsgesellschaft zum Beispiel eine Umfrage terminiert, bei der ich 20 Haushalte befragen sollte. Bei sorgfältiger Durchführung dieser Umfrage und unter korrekter Beachtung der Begehungsvorschriften hätte ich dafür zwei Monate gebraucht.

Der Interviewer solle sich mit einem Lächeln und einer sauberen Krawatte an der Haustür bei der Zielperson vorstellen und ausweisen, dann den Bogen aufschlagen und auf die Fragen deuten. Gleichzeitig solle er den Filzschreiber zücken und erklären, wie die Befragung ablaufen werde. So stellte sich Infas den Beginn der Befragung vor.

Doch vor Ort funktionierte das in den seltensten Fällen: Da durfte der Interviewer nie den Fehler begehen und den Infas-Fragebogen vorzeigen, denn beim Anblick der dicken Bögen mit ihren komplizierten Strukturen verweigerten die Zielpersonen sofort die Kooperation. Das lehrte die Berufserfahrung, nachdem ich mich in den ersten Monaten meiner Interviewertätigkeit immer bemühte, die Vorgaben der Meinungsforschungsgesellschaften einzuhalten.

Doch ich mußte die Umfrage durchführen, denn schließlich hatten sie auch andere Interviewer erfolgreich bewältigt. Irgendwo würden sich in dem Bogen Filter befinden, die ich nutzen konnte, um alles abzukürzen. Und ansonsten schaltete ich auch bei Infas bald auf meine bewährte praxisfreundliche Arbeitsweise um: Ich reduzierte die Bögen auf einige wenige Kernfragen und sicherte ansonsten den Kontakt gut ab. Dabei notierte ich die Antworten jeweils in Kürzeln, also zum Beispiel CDU: +, SPD: –, FDP: –, Nichtwähler: n, ohne mich um das Ausmalen der Kästchen zu kümmern. Doch das Ausfüllen der Bögen zu Hause am Schreibtisch war dennoch oft so quälend, daß ich sie gerne halbfertig zurückgeschickt hätte. Bei keiner Meinungsforschungsgesellschaft verspürte ich bis dahin so stark den Drang, meine Mitarbeit aufzukündigen.

Was mich lange daran hinderte, war, daß es in meiner Zusammenarbeit mit Infas nie Probleme gab. Das lag sicherlich auch daran, daß die Meinungsforschungsgesellschaft mich nicht allein für Fehler verantwortlich machte, sondern Kritik immer sehr allgemein formulierte. So faßte ich Vertrauen zu Infas, eine unerläßliche Voraussetzung für die sensible Kommunikation vor Ort zwischen Interviewer und Befragtem. Ich gab Infas aber auch wenig Anlaß, sich über mich zu beklagen. Denn so kompliziert die Bögen auch waren, ich bemühte mich immer, sie vorbildlich auszufüllen. Doch es funktionierte immer nur ansatzweise, dann winkten die Befragten ab, und ich mußte auf meine Kernfragen zurückgreifen.

Wie zum Beispiel bei der Infas-Studie zum Thema »Humanität im Gesundheitswesen«. In diesem »Fragebogen für Bundesbürger« ging es um Probleme und Erfahrungen mit dem Pflegepersonal in Krankenhäusern. Zwar war dieser Bogen konventionell entworfen worden, das heißt, der Interviewer brauchte die Antworten der Befragten nur anzukreuzen, doch der Bogen litt am Grundübel fast aller Bögen: Er war zu lang.

»Beurteilen Sie nun bitte anhand der folgenden Aussagen, welchen Eindruck Sie bei der Versorgung Kranker *im Krankenhaus* gewonnen haben.«
Über zwei Seiten hinweg folgten nun 28 Aussagen, die der Befragte in einer fünfstufigen Skala beurteilen mußte. Die Aussagen waren unterschiedlich lang und mußten gelesen und durchdacht werden. In welchem Kästchen sollte der Befragte sein Kreuz machen? In der Mitte oder lieber ein Kästchen rechts von der Mitte? Nach welchen Kriterien sollte er werten?

Hatten Interviewer und Befragter die 28 Aussagen gewertet, hatten sie gerade mal die erste Frage abgearbeitet. Doch der Fragebogen zog sich hin, von einem Spaltenblock zum anderen. Ich habe die Erfahrung gemacht, daß die Befragten bei der Fülle der zu beurteilenden Aussagen sich zunehmend indifferent verhalten. Das heißt, sie stimmen den Meinungen weder grundsätzlich zu, noch lehnen sie sie grundsätzlich ab, sondern sie suchen den Kompromiß, und der liegt im mittleren Kästchen.

In dieser Situation mußte der Interviewer aufs neue motivieren, denn daß der Befragte immer alle Aussagen gleich beurteilt, ist nicht plausibel. Nach 20 Minuten halfen ihm aber auch alle Überredungskünste nicht mehr weiter. Dabei war bis dahin erst ein Drittel des Fragebogens abgearbeitet. 40 Minuten Frage und Antwort lagen noch vor Interviewer und Zielperson, vollgestopft mit Themen zur Selbstbestimmung der Kranken, zu Bedürfnissen von Patienten und verkürzten Arbeitszeiten des Pflegepersonals. Diesen Textblöcken folgte die fachspezifisch unterteilte Statistik mit Fragen zu Krankenversicherungen und -kassen.

Der erfahrene Interviewer sah den Abbruch voraus: Er interpretierte die vielen zögernden Reaktionen, die Nachfragen und das Kopfschütteln als Anzeichen der nahenden Krise. Also beendete er von sich aus das Interview. Am heimischen Schreibtisch mußte er sich aber mit der Broschüre weiterbeschäftigen und den Rest plausibel ausfüllen.

Noch »warme Interviews« nannten wir solche Gespräche, die zwar schon durchgeführt waren, vom Interviewer aber jetzt noch nachredigiert und beendet werden mußten. Wann er das tat, blieb ihm allein überlassen. Die Meinungsforschungsgesellschaften interessierte nur die Einhaltung des Termins.

Die demographischen Merkmale der Befragten, ihr Einkommen, ihre Ausbildung, ihren Beruf oder ihr Alter, schätzten die Interviewer. Wir verließen uns dabei nur auf unsere Menschenkenntnis. Mit der Folge, daß die demographischen Merkmale schon feststanden, bevor der Interviewer den Rest der Antworten ergänzte.

Die Anweisung, der Befragte solle seine persönlichen Erfahrungen mit dem deutschen Gesundheitswesen selbständig ausfüllen und der Interviewer werde den Bogen in einer Woche wieder abholen, habe ich dabei bewußt mißachtet. Denn genauso wenig, wie die Meinungsforschungsgesellschaften die Menschen dazu verpflichten können, die Kontrollkarten zurückzuschicken, können sie sie dazu verpflichten, die Bögen auszufüllen. Sitzt zudem der Interviewer beim Ausfüllen nicht direkt daneben, entfällt auch der Zwang zur Beantwortung, der sich allein aus der Anwesenheit des Interviewers ergibt, und wenn es auch nur der Wunsch ist, den Interviewer so schnell wie möglich wieder loszuwerden.

Hatte der Interviewer den Fragebogen abgegeben, durfte er also nicht unbedingt erwarten, ihn auch nach einer Woche ausgefüllt wieder einsammeln zu können. Denn viele Haushalte warfen den Bogen einfach weg. Hier war der Interviewer zweimal umsonst gekommen, einmal zur Abgabe und einmal zum Abholen. Honoriert bekam er aber nur ausgefüllte Bögen, also ging der Interviewer hier nicht nur leer aus, sondern er blieb auch auf seinen Unkosten sitzen.

War der Fragebogen wider Erwarten nach einer Woche doch ausgefüllt, waren die Fragen oft wenig plausibel beantwortet. Manchmal leisteten sich die Zielpersonen grobe Fehler, füllten etwa geschlechtsspezifische Passagen aus, die für ihr Geschlecht nicht vorgesehen waren, oder mißachteten Filter. Um solche Fehler auszuschalten, mußte der Interviewer den Fragebogen in Gegenwart der Befragungsperson kontrollieren und gegebenenfalls nachfragen.

Das lief dann mehr oder weniger auf eine zweite Befragung hinaus, die keine Zielperson über sich ergehen ließ. Und wer bezahlte das zweite Interview und die Korrekturen? Infas honorierte zwar die ausgefüllten Fragebögen, doch dieser erhebliche zeitliche Mehraufwand wurde nicht vergütet. Unter diesen Bedingungen konnte ich auch direkt bei der Abgabe des Bogens die Befragung durchführen.

Die Spezialität bei Infas waren die Lesegerätbögen: Es waren Bögen, die mit Aberhunderten von winzigen Kästchen oder Quadraten übersät waren (vgl. Anlage 36). In diese Kästchen oder Quadrate mußten wir die Antworten zeichnen oder punkten. Wie bei allen anderen Meinungsforschungsgesellschaften waren auch die Lesegeräte von Infas hochempfindlich: Der Interviewer mußte fein säuberlich punktieren, die Markierung durfte nicht zu schwach sein, und sie durfte auch nicht über das Kästchen hinausragen. In allen diesen Fällen konnte das Lesegerät die Bögen nicht mehr bearbeiten. Das galt übrigens auch, wenn die Bögen unsauber gedruckt waren, weil schon winzige Striche oder gar Punkte das Lesegerät irritierten.

Bis zu 1352 Kästchen für 400 Fragen konnte so ein Fragebogen von Infas haben. Dazu gab es folgende Information für den Interviewer:

»Der Bogen besteht aus einer starken Kartonunterlage mit einer angehefteten gelben Lasche. Der Bogen ist oben fest mit dem Karton verklebt. Die einzelnen Blätter des Bogens sind verschieden breit und liegen schuppenartig übereinander. Am Ende des Bogens und in der Mitte ist jeweils ein farbiges Blatt eingelegt. Zu jedem Bogen gehören ein oder mehrere Leseblätter.«

So kompliziert, wie der Bogen aufgebaut war, so kompliziert war auch seine Handhabung:

»Sie klappen die gelbe Lasche des Kartons nach unten und schlagen den Bogen bis zum oberen farbigen Blatt auf. Die Lasche klappen Sie auf das farbige Blatt. Dann nehmen Sie das Leseblatt so, daß die in der Ecke aufge-

Anlage 36

druckte 1 oben rechts liegt. Das dann rechts am Leseblatt anhängende Klappblatt schlagen Sie dabei auf. Dann schieben Sie die linke untere Ecke des Leseblattes fest in die Lasche ein. Sie schließen nun den Bogen und schlagen die erste Seite auf.«

Wenn der Interviewer die Anweisungen richtig befolgt hatte, lag jetzt die erste Kästchenreihe in Orange vor ihm. In diese orangenen Kästchen mußte er die Antworten markieren. War die Seite voll, schlug der Interviewer die Lasche zurück, blätterte um auf die zweite farbige Seite und klappte die Lasche wieder vor.

»Das Leseblatt drehen Sie jetzt so, daß die grüne 2 rechts oben ist, schlagen das anhängende Blatt rechts auf und schieben das Leseblatt wieder in die Lasche ein. Wenn Sie nun die Seiten bis zum ersten Farbblatt auf das Leseblatt auflegen, haben Sie wieder eine Spalte für Markierungen frei.«

Solche Bögen sind die Auswirkungen eines Perfektionismus, der das Verhalten und die Meinungen der Menschen bis zur letzten Zahl hinter dem Komma messen und darstellen will. In der Welt der Demoskopen ist es ungeheuer wichtig, zwischen »etwas mehr« und »mehr« zu unterscheiden und die Differenz in Hunderten von Zahlen auszudrücken.

Während des Interviews mußte das Leseblatt immer fest eingeklemmt in der Lasche liegen, denn ansonsten verrutschten die Kästchenreihen. Doch oft verschob es sich so, daß der Interviewer die Antworten in den falschen Kästchenreihen markierte. Das mußte noch nicht einmal auffallen, und wenn, füllte ich einfach die noch leere Reihe aus und beließ alles beim alten.

Das Ausfüllen der winzigen Kästchen bereitete den Interviewern große Probleme. Stunde um Stunde starrten sie auf diese Gebilde, markierten Reihe um Reihe. Doch die Augen ermüdeten schnell, der Blick verschwamm, und der Stift markierte das verkehrte Kästchen, ohne das der Interviewer es bemerkte.

Das blieb auch den Kontrolleuren bei Infas nicht verborgen, nahm doch bei einer solchen Arbeitsweise die Zahl der unsauber markierten Bögen zu, die das Lesegerät nicht bearbeiten konnte. Man solle sorgfältiger und deutlicher innerhalb der Kästchen kreuzen, um so die Ziffern und Buchstaben in den Kästchen abzudecken, ermahnte die Zentrale ihre Interviewer. Oft seien die Markierungen zu schwach, hieß es weiter, oder sie gingen über die Kästchen hinaus. Das werde zwar abgelesen, aber die Information, die damit transportiert werde, sei falsch.

Wer sich verschreibe, könne das verschmutzte Blatt gegen ein neues Blatt austauschen, schlug die Meinungsforschungsgesellschaft vor. Doch es war keine Seltenheit, daß Interviewer sich bei einer Umfrage in 20 Haushalten bis zu zehnmal verschrieben. Schließlich füllten sie nur 10 Bögen sauber aus. Diese 10 Bögen honorierte Infas auch nur. Bei den anderen 10 Bögen hatte der Interviewer umsonst Zeit und Arbeitskraft investiert, hier ging er leer aus.

Mir passierte dieses Mißgeschick zum Beispiel, als ich im münsterländischen Haltern für Infas eine Umfrage zum Thema »Wasserwirtschaft« durchführte. Trotz Leselupe verschrieb ich mich laufend und punktete auf oder neben den Kästchen. Nachdem ich so den fünften Bogen unbrauchbar gemacht hatte, griff ich zum Notizblock und notierte mir darauf die Antworten, um sie dann später in Ruhe zu übertragen.

Die Interviewertätigkeit für Infas war ungemein arbeitsintensiv, und Infas war nicht die einzige Meinungsforschungsgesellschaft, für die ich arbeitete. Wir stöhnten alle unter der Unmenge an Fragebögen, mit denen wir eingedeckt wurden. Deshalb schickte ich im Frühsommer 1979 einige Aufträge unerledigt nach Bonn-Bad Godesberg zurück.

Daraufhin fragte Infas im Juli 1979 bei mir an, ob ich noch weiterhin für sie als Interviewer arbeiten wolle. Im August 1979 schrieb ich zurück. Ich bekundete meine Bereitschaft, an meinem Wohnort weiterhin für Infas zu arbeiten, allerdings ohne Adressenvorgabe. Infas schickte gerne Adressenlisten, aus denen dann die Zielhaushalte auszuwählen waren. Doch diese Anschriften lagen oft so weit entfernt voneinander, daß hier die nicht honorierte Suche und Anfahrt in keinem akzeptablen Verhältnis zur honorierten Befragungszeit stand. Darüber hinaus kritisierte ich in dem Brief die Komplexität der Fragebögen:

»Die Strukturen sind oft so kompliziert, daß der Interviewer sehr lange braucht, bis er überhaupt den praxisnahen Befragungsweg gefunden hat.« (Vgl. Anlage 37)

Ich kritisierte die Honorierung, die Vor- und Nachinterviews, die Zusatzbögen, zeitraubende Muster und Plausibilitätsdifferenzen, die zwangsläufig immer dann auftraten, wenn die Befragungsperson beim Ausfüllen des Fragebogens sich selbst überlassen blieb. Doch ich bot auch meine weitere Mitarbeit an.

Ich hatte diesen Brief spontan geschrieben. Später merkte ich, daß ich hier zum erstenmal meine Kritik an der Praxisferne der Meinungsforschungsgesellschaften formuliert hatte. Eine Praxisferne, die zur Folge hat, daß man die Seriosität der ermittelten Daten massiv in Zwei-

heiner Dorroch   ▇▇ Bochum ▇, 04. August 1979
                                  ▇▇▇▇▇▇▇▇▇▇
INFAS Institut   Tel.-Nr. ▇▇▇▇▇▇▇▇
für angewandte   Intv.-Nr. WAT 007
Sozialwissenschaft
▇▇▇▇▇▇▇▇▇▇▇
   ▇ B o n n ▇

Sehr geehrte ▇▇▇▇▇▇▇▇▇▇▇▇▇▇▇▇▇

ich bedanke mich für Ihr offenes Schreiben vom 02. August. Zum
Thema "Meine weitere Mitarbeit" habe ich vor ungefähr 3 Monaten
mit Ihrem Chef telefoniert. Er rief mich an, ob ich in Solingen
einen Auftrag durchführen könnte. Ich sagte ihm, daß ich derzeit
aus beruflichen Gründen nicht so stark als Fulltimer arbeiten könne.
Allerdings könne ich im Großraum Bochum jederzeit interviewen. Außer-
dem könne ich noch in den nahen Randgebieten - Essen, Gelsenkirchen -
Befragungen durchführen. Aber nur ohne vorgegebene Adressen. Ich
habe vor Adressen keine Angst, aber sie liegen selten in einer
Straße. Breit gestreute Adressen lassen sich nur bei einem enormen
Zeitaufwand bearbeiten. Hier ist die Befragungungszeit mit der
Suchzeit nie zu harmonisieren.

Aber das sind noch nicht die primären Probleme, obwohl auch sie
bereits den utopischen Bezug unserer Wissenschaft tangieren. Das
Hauptproblem liegt in den enormen Schwierigkeitsgraden der Fragebögen. Die Strukturen sind oft so kompliziert, daß der Interviewer
sehr lange braucht, bis er überhaupt den praxisnahen Befragungsweg gefunden hat. Das daran gekoppelte Problem sind die Durch-
führungsmodalitäten und die Suchzeiten. Beispiel: Bei einem der
zuletzt zurückgeschickten Aufträge ging es insbesondere um Fernsehen
und Radio. Vorinterview, Nachinterview und Bögen zum Selbstausfüllen. So weit ich mich erinnere, sollten die Zeiten, an denen die
Befragungsperson Radio hört, von der Befragungsperson selbst angegeben werden. Später sollte der Interviewer nochmals nachfragen
und die Hörzeiten in einem feinen, praxisfremden Muster eftragen.
Es geht nicht so sehr um das praxisfremde Muster, es raubt
höchstens wertvolle Zeit - und die Befragungsperson bricht ab. Nein,
wesentlich sind hier die Diskrepanzen im Wahrheitsgehalt. Beispiel:
in einem normalen Bogen stelle ich die Frage nach den Radiozeiten.
Die Befragungsperson antwortet: Morgens von neun bis zehn Uhr NDR
gehört, und abends von 20 bis 21 Uhr RTL gehört. Wenn die Befragungsperson einige Tage später im selbst auszufüllenden Bogen andere
Zeiten angibt, und sind die Verschiebungen auch noch so gering, bin
ich der Dumme. Der Wahrheitsgehalt ist verzerrt worden! Das wird
mir angelastet, nicht der Befragungsperson. Aber sehr oft ist es so,
daß sich die Befragungspersonen in Widersprüche verwickeln. Oder sie
können sich nicht mehr genau erinnern, wie lange sie vor Tagen
Radio hörten. Über diesen Punkt werde ich noch woanders in der
Analyse referieren.

Es ist meinerseits keine Böswilligkeit, wenn ich Fragebögen mit
überdurchschnittlichen Schwierigkeitsgraden zurückgebe. Die Be-
fragungsseiten sind aus meiner Sicht dann zu lang, sie lassen sich
mit dem niedrigen Honorar nicht vereinbaren. Bei diesen Langzeit-
Bögen versickert das Honorar bereits in der Suchzeit. Menschen, die
selbst ausfüllen, sich dazu noch lange befragen lassen, müssen Sie
erst finden. Außerdem fürchten die Menschen um ihre Anonymität.
Sie verweisen auf Computer- und Adressenskandale. Da hilft es nicht,
wenn Sie mit Engelszungen reden, sich korrekt ausweisen. Das Mißtrauen wächst analog mit der automatischen Verwaltung der Menschheit.
Orwells 1984 ist längst Wirklichkeit geworden. Die Menschen - auch
die weniger gebildeten - spüren das. Bei jeder Befragung kommen

Anlage 37

> Sätze wie: "Es kommt doch nichts hinterher?" "Hoffentlich stehe ich jetzt nicht überall in einer Kartei?"
> Die Hauptlast der Verantwortung liegt in der Branche bei dem Interviewer. Ihm lastet man alle Fehler und Unzulänglichkeiten an. Er allein soll am Ende alle Widersprüche verantworten. Es wird behauptet, der Interviewer sei das schwächste Glied in der Kette. Wer so spricht, hat noch nie Befragungen durchgeführt.
> Ich bin durchaus bereit, weiter für Ihr Institut zu arbeiten, aber ich muß die Bögen verantworten können. Ich erinnere mich an die von mir durchgeführten Projekte ### und ### - das lief flüssig. Das habe ich gern gemacht. Die Bögen waren nicht leicht, aber ich konnte sie verantworten. Fragebögen dieser Art, ohne Vor- und Nachinterviews, würde ich jederzeit wieder durchführen.
>
> Mit freundlichen Grüssen

Anlage 37

fel ziehen muß. Und das für viele Studien über Jahrzehnte hinweg.

Infas reagierte nicht auf meine grundsätzliche Kritik. Vielmehr schickte die Meinungsforschungsgesellschaft mir weitere Aufträge zu und honorierte die durchgeführten Studien. Bis zum Frühjahr 1980 arbeitete ich für Infas und ächzte unter den millimetergenau zu punktierenden Kästchen. Ende April 1980 erledigte ich meine letzte Umfrage für die Meinungsforschungsgesellschaft.

Doch meine Frau sollte ab März 1980 noch zwei Jahre als Interviewerin der Infas geführt werden. Tatsächlich bearbeitete ich ihre Aufträge nach altbewährter Methode.

Mittlerweile hatte Infas ein neues Lesegerät entwickelt, die Bögen aber waren durch diese Neuentwicklung nicht praktischer in der Handhabung geworden. Im Gegenteil: Die Kästchen waren jetzt noch winziger.

Im Januar 1982 trat meine Frau aus dem Stab der Infas-Interviewer aus. Die neuen Bögen seien in der Praxis vor Ort nicht mehr zu verwenden, begründete ich den Austritt. Das zeige sich schon daran, daß es mir auch unter größter Anstrengung nicht gelungen sei, jemanden zu finden, der diese Bögen ausgefüllt hätte.

9. BasisResearch

oder Wie der Maurergeselle zum
Bauunternehmer wird

1989 bewarb ich mich unter dem weiblichen Pseudonym Helga Wachtel offiziell bei der BasisResearch-Meinungsforschungsgesellschaft mit Sitz in Frankfurt. Ich war jedoch zuvor schon verschiedentlich an Aufträgen von BasisResearch beteiligt, weil aus meiner Gruppe einige für das Unternehmen arbeiteten.

Im April 1989 nahm mich BasisResearch als freiberuflichen Interviewer in seinen Stab auf. Ich war mittlerweile ein erfahrener Interviewer, denn zu diesem Zeitpunkt arbeitete ich schon seit knapp 14 Jahren für große und kleine deutsche Marktforschungsinstitute. BasisResearch unterschied sich, was unsere Arbeit betrifft, nicht von den anderen Unternehmen der Meinungsmacherbranche: Die Honorare sind zu gering, besonders bei den langen Suchzeiten, die Laufzeiten der Studien sind zu knapp terminiert, und die Befragungszeiten sind für wissenschaftliche Projekte zu kurz kalkuliert.

Denn wieviel Zeit vergeudete der Interviewer alleine mit dem Zücken der Karten eines Kartenspiels? Auf diesen Karten waren bestimmte Firmenlogos oder Symbole aufgedruckt, die der Befragte erkennen sollte oder mit denen er ein bestimmtes Produkt oder ein bestimmtes Unternehmen assoziieren sollte. Doch Kartenspiele kosteten immer ungeheuer viel Zeit, denn jede Karte mußte erst einmal gezogen und vorgelegt werden, der Befragte mußte sie erkennen, er mußte nachdenken und antworten.

Die Karten würden das Erinnerungsvermögen der Befragten erheblich unterstützen, rechtfertigten die Meinungsforschungsgesellschaften ihre didaktische Methode. Denn dabei würden mehr Produkte wiedererkannt als ohne Karten. Diese Argumentation mochte vielleicht für die ersten zehn Karten gelten, dann jedoch machte sich bei den Befragten Müdigkeit breit, die zum Motivationsverlust führte. Die Kartenspiele waren immer zu umfangreich, die Meinungsforschungsgesellschaften packten zu viele Markenprodukte oder Firmensymbole hinein. Die Unlust der Zielperson, sich weiter befragen zu lassen, konnte für den Interviewer die fatale Konsequenz der Kooperationsverweigerung, des Abbruchs haben.

Wie die meisten Kollegen, die ich in meiner Zeit als Interviewer kennenlernte, verwendete ich deshalb diese Kartenspiele kaum. Ich handelte ein, zwei Karten ab, damit die Zielpersonen später die Kontrollfrage »Hat der Interviewer Ihnen Karten vorgelegt?« wunsch- und wahrheitsgemäß beantworteten. Mehr war den Befragten auch nicht zuzumuten. Doch wenn die Zeit drängte, dann gehörte das Kartenspiel zu den ersten Bestandteilen des Bogens, die nicht abgefragt wurden.

Bei den Intensivkontrollen der Qualitätssicherungsabteilung mußten diese Tricks der Interviewer auffallen. Hier fiel auch auf, daß stets ein Mann die Aufträge von Helga Wachtel erledigte. Doch BasisResearch kritisierte zwar meine durchgeführte Umfrage, das Unternehmen ermahnte mich auch, zukünftig sorgfältiger zu arbeiten, doch ich blieb im Stab und erhielt die Honorare für alle Aufträge.

Allerdings meldeten sich die Kontrolleure immer, wenn die Bögen nicht plausibel ausgefüllt waren, wenn es also logische Brüche in den Antworten der Befragten gab. Um hier der Kritik und damit einer möglichen Kündigung von BasisResearch zuvorzukommen, führte unsere kleine Interviewergruppe die Funktion eines »Plausibilitätsüberwachers« ein: Während die anderen die Bögen ausfüllten, mußte ich ihre Antworten auf Plausibilität hin überprüfen. Denn wir alle machten Fehler bei der Fülle der Bögen, die wir schnell bearbeiteten.

Dem Interviewer, der in der Gruppe arbeitete, waren Inhalt und Auftraggeber der Umfrage gleichgültig. Routiniert fertigte er die Bögen, wobei er die normalen, sich Jahr für Jahr wiederholenden Durchläufe liebte, weil er sie kannte und deshalb ohne große Probleme abhandeln konnte. Doch auch die komplizierten Umfragen mußten bewältigt werden, zumal die Interviewer mit ihnen häufig das meiste Geld verdienten.

Die einzelnen Antworten innerhalb eines Bogens mußten allerdings stimmig sein, und sie mußten auf die fiktive Zielperson hin, die da angeblich befragt wurde, logisch konstruiert werden. Typ und Antworten mußten zusammenpassen, nicht nur bei den Antworten auf die »offenen Fragen« oder bei den anzukreuzenden Antworten, sondern auch bei den quantitativen Angaben.

Als Plausibilitätsüberwacher achtete ich zum Beispiel darauf, daß Serbien im vorliegenden Auftrag nicht global verdammt wurde, denn Kroaten und Moslems, UNO, NATO und die Europäische Union mußten auch noch beurteilt werden. Und alle Urteile mußten halbwegs passen. Das galt in gleichem Maße auch für die sexologischen Studien. Ein Mann, der antwortete, er befriedige sich nicht selbst, und der weiter antwortete, daß er nur zweimal im Monat Geschlechtsverkehr habe, der konnte bezogen auf ein Jahr keine 50 Orgasmen erleben. Die sexologischen Studien mußten ebenso plausibel erscheinen wie die politischen.

Dabei waren die Interviewer bei den sexologischen Studien immer gezwungen, Verhaltensweisen und Meinungen zu simulieren. Denn die Bögen stießen vor Ort generell auf Ablehnung. Da wurden zum Beispiel 13 verschiedene »Sexualpraktiken« aufgezählt und für jede gefragt, ob sie beim letzten Geschlechtsverkehr ausgeübt worden sei und ob man ein Kondom benutzt habe. Die nächste Frage wollte dann wissen, wie oft man diese 13 verschiedenen Sexualpraktiken anwendete, wobei die Autoren darauf bestanden, daß der Befragte »zu *jeder* Praktik *eine* Angabe« machte (vgl. Anlage 38).

Dieser Fragebogen war ein »Selbstausfüllerbogen«, das heißt, der Interviewer überreichte der Zielperson einen Briefumschlag, den diese öffnete. Darin befand sich der Fragebogen zum Thema »Partnerschaft und Sexualität«, wobei sich die Fragen in den Bögen teilweise danach unterschieden, ob Männer oder Frauen antworteten. Die Befragten mußten den Bogen alleine ausfüllen und ihn anschließend auch selbst wieder in einem Briefumschlag verschließen. Doch diese Prozedur konnte das Mißtrauen der Menschen nicht zerstreuen. Da half auch nicht der Verweis auf den Auftraggeber, das »Bundesministerium für Jugend, Familie, Frauen und Gesundheit«, wie BasisResearch vorschlug (vgl. Anlage 39). Und auch der Hinweis auf die absolute Anonymität der Befragung änderte nichts am Unbehagen der Zielpersonen, dazu hatte man schon zu oft gehört und gesehen, daß zum Beispiel Patientenkarteien auf öffentlichen Müllkippen auftauchten. Und warum sollte ein Wirtschaftsunternehmen persönliche Daten

F R A G E	A N T W O R T	Sp.-Code	nächste Frage

33. Welche dieser Sexualpraktiken üben Sie mit Ihrem Partner/Männern bei fast jedem Sexualverkehr, welche nur hin und wieder, welche üben Sie nicht mehr aus oder welche haben Sie noch nie ausgeübt?
  (BITTE MACHEN SIE ZU JEDER PRAKTIK EINE ANGABE!)

	mache ich bei fast jedem Sexualverkehr	mache ich nur hin und wieder	mache ich nicht mehr	noch nie gemacht	
1. Geschlechtsverkehr, wobei Ihr Partner mit seinem Glied in Ihre Scheide eindringt	( )	( )	( )	( )	23-
2. Handmassage der weiblichen Geschlechtsteile (Ihr Partner reizt Sie mit der Hand/Fingern)	( )	( )	( )	( )	24-
3. Tiefes Eindringen der Finger/Hand Ihres Partners in Ihre Scheide	( )	( )	( )	( )	25-
4. Handmassage des männlichen Gliedes (Sie reizen das Glied Ihres Partners mit der Hand/den Fingern)	( )	( )	( )	( )	26-
5. Mundmassage der weiblichen Geschlechtsteile (Ihr Partner reizt Ihre Geschlechtsteile mit Mund/Zunge)	( )	( )	( )	( )	27-
6. Mundmassage des männlichen Gliedes (Sie reizen das Glied Ihres Partners mit Mund/Zunge)	( )	( )	( )	( )	28-
7. Lecken des Afters (Oral-Analer-Verkehr)	( )	( )	( )	( )	29-
8. Ihr Partner führt einen Vibrator/Kunstglied in Ihre Scheide ein	( )	( )	( )	( )	30-
9. Einführen eines Vibrators/Kunstgliedes in den After/Po	( )	( )	( )	( )	31-
10. Einführen des Fingers/der Hand in den After/Po	( )	( )	( )	( )	32-
11. Analverkehr (Ihr Partner führt sein Glied in Ihren After/Po ein)	( )	( )	( )	( )	33-
12. Masochismus (Sie lassen sich von Ihrem Partner schlagen, quälen, erniedrigen)	( )	( )	( )	( )	34-
13. Sadismus (Sie schlagen, quälen, erniedrigen Ihren Partner)	( )	( )	( )	( )	35-
14. Sonstiges, und zwar: _____ _____	( )	( )	( )		36- 37-
15. Sonstiges, und zwar: _____ _____	( )	( )	( )		38- 39-

Anlage 38

BASISRESEARCH
GESELLSCHAFT MIT BESCHRÄNKTER HAFTUNG

FRANKFURT

Feldleitung:
Einsatzsteuerung:
Registratur:
Herr
Herr
Interviewerwerbung/-schulung und Kontrolle:

Frankfurt, ▓▓▓▓▓

"Partnerschaft und Sexualität"

Liebe Mitarbeiterin, lieber Mitarbeiter,

für eine 4. Welle der Studie "Partnerschaft und Sexualität", deren vorausgegangene Wellen viele von Ihnen schon in den letzten Jahren bearbeitet haben, möchten wir Sie heute um Ihre Mitarbeit bitten.

Verfahren:
Es handelt sich hierbei um eine Quotenstudie, d.h. Sie befragen in Ihrem Wohnort jeweils 6 Zielpersonen nach unseren Vorgaben. Die Quotierung bezieht sich auf Geschlecht, Alter (14 - 59 Jahre), Familienstand und Berufstätigkeit.

Zum Fragebogen:
Eine komplette Befragung besteht aus 2 Fragebogenteilen. Der erste Fragebogenteil enthält allgemeine Fragen und dauert ca. 10 Minuten.
Der zweite Fragebogenteil ist ein **Selbstausfüllerbogen**. Hierin werden Fragen erhoben, die die Intimsphäre der Befragungspersonen berühren. Dieser Antwortenteil wird **verdeckt** erhoben, d.h. Sie haben als Interviewer keinen Einblick in diese Fragen. Wir haben diese Methode gewählt, um ein Höchstmaß an Anonymität und eine absolut vertrauliche und neutrale Interviewsituation zu schaffen. Das Ausfüllen dieses zweiten Bogens nimmt ca. 45 Minuten in Anspruch.
Um die Befragungsbereitschaft Ihrer Zielpersonen zu erhöhen, können Sie diesmal ausnahmsweise beim Kontakten unseren Auftraggeber nennen: das BUNDESMINISTERIUM FÜR JUGEND, FAMILIE, FRAUEN UND GESUNDHEIT.
Ihre Zielpersonen erhalten außerdem ein Anschreiben von BASISRESEARCH, in dem disen der Auftraggeber genannt wird und wir sie um ihre Mitarbeit bitten.

Anlage 39

vorsichtiger behandeln als öffentliche Institutionen, die eine besondere Sorgfaltspflicht zu wahren haben? Da verweigerten die Menschen lieber die Kooperation. Wir aber suchten für solche Studien dann oft vergeblich nach Befragungspersonen. Und der Abgabetermin verstrich, ohne daß meine Bemühungen Erfolge zeigten (vgl. Anlage 40).

Im Sommer 1992 führten wir für BasisResearch eine Befragung zum Thema »Sicherheits- und Außenpolitik« durch. Die »Forschungsgruppe Internationale Beziehungen« (FIB) der Universität Bamberg hatte sie bei BasisResearch in Auftrag gegeben. Die Studie lief zur vollsten Zufriedenheit der Auftraggeber, denn sie lobten die Ergebnisse »unserer wissenschaftlichen Untersuchung über die Meinungen der Bundesbürger zu wichtigen Fragen der Außen- und Weltpolitik«. Sie seien so interessant gewesen, daß man in einer zweiten Studie erforschen wolle, »wie sich die Meinungen der Menschen in unserem Land zu diesen Fragen in den letzten Monaten verändert haben«.

Für uns Interviewer bedeutete das, daß wir wenige Monate später wieder dieselben Zielpersonen aufsuchen mußten, die wir schon einmal befragt hatten. Damit waren wir an ganz bestimmte Personen und Adressen gebunden, Nachfolger oder Ersatzleute konnten wir nicht nehmen, im Gegensatz zu anderen Studien, wo wir nach einem Abbruch mit dem bereits begonnenen Bogen im nächsten Haushalt weiterfragen konnten.

Im Februar 1993 zog ich mit meinen Adressenlisten los und bemühte mich, neuerlich Kontakt mit den bereits im Sommer 1992 Befragten aufzunehmen. Das Ergebnis: Drei Personen besaßen entweder kein Telefon, oder sie waren verzogen. Eine Zielperson war offensichtlich ver-

BASISRESEARCH
GESELLSCHAFT MIT BESCHRÄNKTER HAFTUNG

FRANKFURT

Registratur: ▓▓▓▓▓ Interviewerwerbung/-schulung und

Frankfurt, 18.06.1991

▓▓▓ "Partnerschaft und Sexualität"

Liebe Mitarbeiterin,
lieber Mitarbeiter,

bis heute stehen von Ihnen **12** zu bearbeitende Interviews aus **2** Sample-Points zu oben genannter Studie aus.

~~Sie hatten Terminverlängerung bis zum ▓▓▓▓▓ 1991~~ / keine Terminverlängerung (Absendetermin war der 16. Mai '91!). **!**

Wir erwarten die von Ihnen durchgeführten Interviews bis Montag, 24. Juni hier eingehend zurück!

Sollte Ihnen dies nicht möglich sein, informieren Sie uns bitte umgehend!!!

Mit freundlichen Grüßen
BASISRESEARCH GmbH

Anlage 40

reist, denn sechs vergebliche Telefonkontakte an zwei Tagen zu unterschiedlichen Zeiten blieben erfolglos. Eine Adressatin verweigerte die Kooperation, sie lehnte es ab, sich noch einmal über eine Stunde befragen zu lassen. Eine andere Zielperson konnte ich wenigstens zu einer Zehn-Minuten-Befragung überreden.

25 Mark zahlte BasisResearch pro Interview. Wer einen Adressaten besuchte, der mittlerweile verzogen war, der hatte Zeit und Benzinkosten umsonst investiert. Jetzt konnte sich der Interviewer bei Nachbarn erkundigen, wohin seine Befragungsperson gezogen sei. Im Idealfall erhielt er die Information. Ansonsten mußte er ins Einwohnermeldeamt fahren, um sich dort die Adresse geben zu lassen. Die Gebühr dafür streckte er natürlich erst einmal vor und ging dabei das Risiko ein, daß der so Gesuchte später die Kooperation verweigerte.

Es lief also alles auf die altbewährte Arbeitsmethode hinaus: Ich bemühte mich, die Haushalte aufzusuchen, während ich für eine andere Meinungsforschungsgesellschaft sowieso schon in dem Viertel war, meine knappen Kernfragen zu stellen und schnell wieder zu verschwinden.

Ähnlich schwierig war die Studie »Trendmonitor West«, die BasisResearch im Herbst 1992 auflegte. 60 bis 70 Minuten Befragungsdauer waren für den Bogen kalkuliert, eine völlig unrealistische Angabe in Anbetracht von 40 engbedruckten Fragebogenseiten. Nach Fragen zur Statistik der Zielperson bat der Bogen zunächst um eine persönliche Wertung der gegenwärtigen Lage:

»Hier habe ich zwei Aussagen über das Leben in der heutigen Zeit. Bitte sagen Sie mir, welche von diesen

Aussagen Ihrem persönlichen Gefühl nach eher zutrifft. a) Das Leben war noch nie so sorgenfrei wie heute. b) Es gibt vielerlei, was heutzutage bedrückend und beängstigend ist.«

In dieser epischen Breite fragte der Bogen weiter, Seite um Seite. Der erfahrene Interviewer verkürzte, um Zeit zu sparen, und formulierte die Frage: »Was bedrückt Sie gerade?« Eine willige Befragungsperson würde nun ihre gesellschaftliche, wirtschaftliche oder politische Kritik formulieren. Damit ersparte sie sich und dem Interviewer die fünf nächsten Fragen, die auf die wirtschaftliche Lage abzielten. Dennoch ließ sich aus der einen Antwort des Befragten sicherlich schon ein Kernproblem herauslesen, das sich zur Auswertung eignete und aus dem man wichtige Schlußfolgerungen ziehen konnte.

In der siebten Frage, mit der wir die Seite 3 des 40seitigen Fragebogens in Angriff nahmen, mußte der Befragte »bestimmten Grundsätzen und Erwartungen« zustimmen oder sie ablehnen. Der Block umfaßte insgesamt 21 vorformulierte Grundsätze, die mit »Im Glauben an Gott und einer Religion Erfüllung zu finden« begannen und mit »Im Leben etwas leisten und Erfolg zu haben« endeten. Es waren also praktisch 21 Fragen, die zu beantworten waren. Weiter ging es auf Seite 3:

»Wenn Sie einmal an das Leben bei uns in der Bundesrepublik denken: Wie wohl fühlen Sie sich eigentlich hier in der Bundesrepublik Deutschland? Was würden Sie sagen: ausgesprochen wohl, ziemlich wohl, weiß nicht so recht, nicht so wohl, ausgesprochen unwohl.«

Auch diese Frage reduzierte der Interviewer auf ein knappes: »Fühlen Sie sich in Deutschland wohl?« Weiter ging es mit der nächsten Frage immer noch auf Seite 3:

»Ich möchte mit Ihnen jetzt einmal über die letzte Bundestagswahl sprechen. Wenn Sie einmal an die Bundestagswahl vom 2. Dezember 1990 zurückdenken, welche Partei beziehungsweise welche Parteien haben Sie damals gewählt? Sagen Sie es mir bitte getrennt für die Erst- und Zweitstimme. Die Erststimme war für einen Kandidaten hier in Ihrem Wahlkreis, die Zweitstimme für eine Partei.«

Bei den Interviewern lautete die Frage: »Was haben Sie 1990 gewählt?«

Darüber hinaus bot der Bogen das gesamte Spektrum der didaktischen Methoden, wie sie in der Meinungsforschungsbranche üblich sind: »Offene Fragen«, Kartenspiele, mehrstufige Beurteilungs- und Wertetabellen. Und am Ende eines Blockes mit 29 Aussagen, die auf einer vierstufigen Beurteilungsskala kategorisiert werden mußten, sollte der Interviewer die Zielperson, die mittlerweile ohnehin schon nicht mehr wußte, wo ihr der Kopf stand, fragen:

»Fällt Ihnen noch etwas ein, das wir nicht genannt haben, das Sie aber als Problem ansehen?«

Weitere Themen des Fragebogens »Trendmonitor West« waren unter anderem die Wiedervereinigung, die deutsche Industrie, die Lebensführung des Befragten, Arbeitsplätze, Nahverkehrssysteme, Belastung der Umwelt, Familie und, und, und... Es waren bekannte Themen, die schon seit Dekaden erforscht werden. Summierte man alle Fragenblöcke dieses Bogens, so errechnete man 236 Sätze, Aussagen, Fragen, die beantwortet und bewertet werden sollten.

Da entpuppte sich die von BasisResearch angegebene Befragungszeit von 60 bis 70 Minuten schnell als Illusion, denn rein rechnerisch hatten Interviewer und Zielperson bei einer Befragungszeit von 70 Minuten je 20 Sekunden, um die Frage laut vorzulesen, über sie nachzudenken, sie zu beantworten und im Bogen anzukreuzen. Verständnisfragen und Rückfragen oder nochmaliges Vorlesen sprengten den Zeitrahmen.

Bei einer Befragungsdauer von 60 Minuten hatten beide sogar nur 15 Sekunden für eine Frage zur Verfügung. 26 Mark zahlte BasisResearch für jeden ausgefüllten Bogen sowie Fahrtkosten von 35 Pfennig pro gefahrenem Kilometer »unter der Voraussetzung rationeller Arbeitsweise (maximal 3 Anfahrten zum Einsatzort)«, wie es in dem Begleitschreiben hieß. Unter diesen widrigen Bedingungen von schlechter Honorierung kombiniert mit einem Mammutfragebogen zogen sich viele Interviewer resigniert zurück.

Im Frühjahr 1994 legte BasisResearch die Studie »Führungskräfte und Entscheidungsträger« auf. Dieses Projekt untersuchte das Informationsverhalten und die Lebensgewohnheiten eines ausgewählten Personenkreises. Solche Studien liefen immer wieder durchs Feld, wobei der ausgewählte Personenkreis im großen und ganzen immer derselbe war, nur die Titel der Studien variierten. Im Herbst 1993 zum Beispiel war es eine »Leseranalyse Entscheidungsträger in Wirtschaft und Verwaltung« (vgl. Anlage 41).

Diese Studien litten unter langen Suchzeiten, wie ich in der Einleitung Seite 20 schon beispielhaft beschrieben habe. Wo fand ich denn den Leitenden Angestellten einer bestimmten Besoldungsstufe? Aber das Honorar für die Bögen war gut, besonders dann, wenn der Interviewer sie am Schreibtisch ausfüllte. Dabei galt es hier, den Kontakt gut zu sichern, und das geschah in aller Regel durch Freunde und Bekannte.

Hamburg, den 27. Oktober 1993

VORANKÜNDIGUNG 4666
LESERANALYSE ENTSCHEIDUNGSTRÄGER

Liebe Mitarbeiterin, lieber Mitarbeiter,

wir möchten Ihnen eine neue Studie ankündigen und Sie recht herzlich um Ihre Mitarbeit bitten. Ein Teil von Ihnen wird die Studie bereits kennen.

Thema: Leseranalyse von Führungskräften

Befragtenkreis: Führungskräfte der folgenden 4 Gruppen:

* **Selbständige mit mindestens 5 Beschäftigten,** aus:

  Verarbeitendem Gewerbe, Baugewerbe, Großhandel, Einzelhandel, Handelsvermittlung, Verkehr, Nachrichtenübermittlung, Kreditinstitute, Versicherungsgewerbe, Dienstleistung wie Gaststätten, Wäschereien, Bildung, Kultur, Sport, Unterhaltung, Wissenschaft, Rechts- und Steuerberatung, Techn. Beratung, Architektur- und Ingenieurbüros sowie Werbung

* **Freie Berufe ab 1 Beschäftigten,** wie z.B.:

  Ärzte, Zahn-/Tierärzte, Heilpraktiker, Apotheker, Rechtsanwälte, Steuerberater, Techniker, Künstler, Architekten

* **Leitende Angestellte** mit DM 4.500 NETTO Einkommen monatlich in den alten Bundesländern und DM 3.000 NETTO Einkommen monatlich in den neuen Bundesländern - Leitende Angestellte mit geringerem Einkommen können in der Stichprobe nicht berücksichtigt werden!!!

  z.B.: Geschäftsführender Vorstand, Direktor, Amtsleiter, Werksleiter, Abteilungsleiter, Prokurist, Sachgebietsleiter, Referent, Handelsbevollmächtigter

* **Beamte** der folgenden Besoldungsgruppen:
  B11-B5, R10-R5, B4, B3, R4, R3, C4, B2, B1, A16, R2, C3, A15, R1, C2, A14, C1
  Beamte anderer Besoldungsgruppen können in der Stichprobe nicht berücksichtigt werden!!!

Anlage 41

Waren sie entsprechend instruiert, war der Bogen fast spielend zu bewältigen: Da avancierte der Maurergeselle zum Bauunternehmer, der technische Zeichner zum Architekten, der eine Bürogemeinschaft mit mindestens fünf weiteren Architekten gegründet hatte, der Koch wurde zum Besitzer zweier Restaurants, der Industriekaufmann war sehr variabel, er hatte wahlweise ein Großhandelsunternehmen oder ein Geschäft (Einzelhandel), konnte aber auch als Abteilungsleiter, Prokurist oder Handelsbevollmächtigter auftreten, der Busfahrer besaß eine Spedition oder leitete das Straßenverkehrsamt. Dies war die Klientel, die ich angeblich befragte, ob sie neben den großen überregionalen deutschen Tages- und Wochenzeitungen, den Polit- und Wirtschaftsmagazinen auch das »Wall Street Journal« lasen, die »Financial Times«, »Neue Zürcher Zeitung« oder »Le Figaro«. Oder welche Geldanlage sie bevorzugten.

Wie bei allen Fragebögen mußten auch hier die Antworten plausibel sein: Eine Arbeitsbeschreibung wie:
»Ich beschaffe Informationen, bereite Entscheidungen durch Analyse und Bewertung vor, spreche konkrete fachliche Empfehlungen aus.«
betrifft den Vorstandsassistenten, nicht das Vorstandsmitglied selbst. Das entscheidet auf der Grundlage der Information, der Analyse und der Empfehlung seines Mitarbeiters.

Doch der Interviewer mußte auch technisch versiert sein, etwa bei der Frage nach den neuen Kommunikations- und Bürotechniken:
»ISDN-Telefonanlage, Datex-P-Anschluß, Datex-J-Anschluß, PC als Stand-alone-Gerät, CD-Rom-Laufwerke, spezielle Hardware für computergestützte Konstruktion und Fertigung (CAD-/CAM-/CIM-Systeme).«

Im Laufe der Jahre wurden diese Bögen für mich zur Routine, zumal sich die Art der Fragen nie änderte. Seit Jahren schon behandelten sie immer die gleichen Themen mit den immer gleichen Fragen. Mit einer fast traumwandlerischen Sicherheit kringelte ich jetzt in den Schemen ab.

BasisResearch war mit der Qualität meiner Umfragen zufrieden. Es erreichte mich selten Kritik, vielmehr honorierte mir die Meinungsforschungsgesellschaft alle Aufträge.

Obwohl ich 1994 keine Aufträge mehr für BasisResearch erledigte, erhielt ich zwischen Januar und Mai 1994 noch sieben Ankündigungen zugeschickt. Normale Ankündigungen neuer Studien, zu denen das Unternehmen mich um Mitarbeit bat.

Bis heute gehöre ich offiziell zum Interviewerstab von BasisResearch.

10. Schluß

oder Umfrageergebnisse sind keine
absoluten Wahrheiten

Ich habe noch für viele andere bundesdeutsche Meinungsforschungsgesellschaften gearbeitet. BasisResearch, EMNID, IFAK, Infas, GfK, GFM-Getas und MARPLAN stehen hier nur als Beispiel für die gesamte Meinungsforschungsbranche, so wie ich sie kennengelernt habe. Tag für Tag überschüttet sie uns mit Umfrageergebnissen, die oft genug den Charakter von absoluten Wahrheiten haben. Denn wer würde es zum Beispiel wagen, einem derartigen Umfrageergebnis zu widersprechen?

75,3 Prozent der Befragten fordern schärfere Gesetze, um die wachsende Kriminalität zu bekämpfen,

15,5 Prozent der Befragten sind gegen schärfere Gesetze,

9,2 Prozent haben keine Meinung dazu.

Diese drei Kernsätze geben sicherlich eine Grundtendenz in der Bundesrepublik wieder, also einen Trend, der eine Verschärfung der Strafgesetzgebung fordert. Doch dieser Trend kann zahlenmäßig das Spektrum von 50,01 bis 100 Prozent umfassen. In diesem Spielraum können sich die Zahlen bewegen. Meiner 19jährigen Erfahrung mit politischen Studien nach, fragen die Interviewer aus Gründen, wie ich sie beschrieben habe, nie alles ab. Das aber bedeutet: Die Zahlen gaukeln eine Exaktheit vor, die es nicht gibt. Sie zeigen allenfalls einen mehr oder weniger deutlichen Trend, der Rest ist Schwindel. Und dies gilt meiner Einschätzung nach für alle Studien.

Ich habe in meinem Meinungsmacher-Report die widrigen Umstände beschrieben, unter denen die Interviewer vor Ort die Studien durchführen. Die Meinungsforschungsgesellschaften kennen diese Probleme, oft genug haben die Interviewer sie dargestellt. Doch die Kritik hat keine positive Veränderung bewirkt. Im Gegenteil: Die verbesserten Auswertungsmethoden mit Hilfe der elektronischen Datenverarbeitung in den Zentralen komplizieren die Bögen noch mehr. Die Konsequenz: Sie sind vor Ort noch weniger brauchbar.

Viele Interviewer haben in dieser Situation resigniert. Und da sich die Honorierung ebenfalls kaum verbesserte, versuchen sie so effizient wie möglich ihre Arbeit zu erledigen. Die Meinungsforschungsgesellschaften überhäufen sie weiterhin mit Fragebögen und lassen sie so lange für sich arbeiten, wie der Auftraggeber zufrieden ist. Daß der Kunde zufrieden ist, dafür sorgen Interviewer und Meinungsforschungsgesellschaften gleichermaßen: Sie verlieren nie den Auftraggeber ihrer Studien aus den Augen. Eventuelle Ungereimtheiten und Unplausibilitäten der Bögen glätten die Zentralen.

Und wenn sie dabei dem Interviewer noch das Honorar stornieren oder zumindest kürzen können, haben sie sogar ein Geschäft gemacht. Die Meinungsforschungsgesellschaften kennen die Fragwürdigkeit ihrer Umfrageanalysen, denn sie sind es, die die Ergebnisse zurechtbiegen, die die Plausibilität der Bögen beurteilen und sie in Zahlenkolonnen umsetzen.

Spätestens zu diesem Zeitpunkt aber ist keiner mehr in der Lage, das demoskopische System kritisch zu durchschauen, vielmehr erscheint es klar, unbestechlich und unanfechtbar. Das Ergebnis der Umfrage, das in der Feinanalyse in einem Kompendium von über 50 Seiten dargestellt ist, wird auf drei Kernsätze und die entsprechenden Zahlen reduziert.

Doch die Umfrageergebnisse sind verzerrt, wie ich dargestellt habe. Sie sind nicht repräsentativ, denn vor Ort wird jeder angesprochen, der bereit ist zu kooperieren. Anders kommen die Interviewer nicht zu ihren Befragungen. Solange die Meinungsforschungsgesellschaften die Suche nach den Kandidaten nicht angemessen honorieren oder von ihren Zentralen aus betreiben, solange bleibt die Repräsentativität der Umfrage auf der Strecke.

Die Meinungsforschungsgesellschaften kennen diese Unzulänglichkeiten, doch sie akzeptieren sie, so wie sie auch die verkürzten Befragungen akzeptieren. Wider besseres Wissen aber verbreiten sie ihren demoskopischen Schwindel und werden so zu Meinungsmachern.

Das aber ist weder wissenschaftlich noch politisch akzeptabel. Genauso wenig darf man akzeptieren, wie sorglos und unreflektiert die Umfrageergebnisse zur Kenntnis genommen und interpretiert werden. Wenn schon die Repräsentativität der Umfrage nicht gegeben ist, wenn die vielfältigen Umfragedetails anhand einiger Kernfragen vom Interviewer mehr oder weniger plausibel ausgefüllt werden, dann ist sie weder wahr noch exakt. Dann dient sie lediglich dem Image des Auftraggebers, beziehungsweise sie dient dem Transport einer bestimmten Ansicht oder Absicht. Daß Umfragen in keiner Weise eine absolute Wahrheit enthalten, darüber sollte sich jeder nach diesem Buch im klaren sein.

GEORG BÖNISCH/
HANS LEYENDECKER

Das Geschäft mit der Sterbehilfe

272 Seiten, Paperback, DM 24,00

*

Hinter der Fassade der Barmherzigkeit machte jahrelang eine Zyankali-Bande Geschäfte mit der Sterbehilfe, ihre Gewinnspanne übertraf die des Drogenmarktes bei weitem. Skrupellos wurden Hunderte von Jungen und Alten, Liebeskranken und Lebensmüden mit Kaliumzyanid versorgt. Die geldgierigen Helfer residierten unter dem Dach der Deutschen Gesellschaft für Humanes Sterben (DGHS), die mit über 50 000 Mitgliedern weltweit zu den größten Gesellschaften im Suizid-Busineß zählt. Soll Euthanasie, der »gute sanfte Tod« erlaubt oder verboten sein? Wird zunehmend Wirtschaftlichkeit zum Maßstab für den Umgang mit Menschen? Dieses Buch greift vehement in die Euthanasiediskussion ein, es ist ein Appell gegen das Geschäft mit dem Mitleid.

Bitte fordern Sie das kostenlose Gesamtverzeichnis an:
Steidl Verlag · Düstere Str. 4 · 37073 Göttingen

ROY GUTMAN

**Augenzeuge des Völkermords.
Reportagen aus Bosnien**

Aus dem Englischen
von Siegfried Kohlhammer.
256 Seiten, broschiert, DM 24,00

*

Als Bosnien im April 1992 seine Unabhängigkeit proklamierte, war vorhersehbar, daß Serbien diesen Verlust von Macht- und Einflußsphäre nicht tatenlos hinnehmen würde. Niemand jedoch vermochte sich vorzustellen, mit welch erbitterter Grausamkeit der Krieg gegen Moslems und Kroaten geführt werden würde. Was sich in der Sprache der serbischen Propaganda als »ethnische Säuberung« ausgibt, ist schlicht Völkermord. Der amerikanische Journalist Roy Gutman und der Fotograf Andree Kaiser haben die dramatischen Ereignisse in Berichten und Bildern festgehalten: die Deportationen, die Todeslager, die Ermordung von Gefangenen, die systematischen Vergewaltigungen an moslemischen Mädchen und Frauen. Gutmans Reportagen über Bosnien wurden mit dem Pulitzer Preis 1993 ausgezeichnet.

Bitte fordern Sie das kostenlose Gesamtverzeichnis an:
Steidl Verlag · Düstere Str. 4 · 37073 Göttingen

HANS HALTER

Krieg der Gaukler

Das Versagen der
deutschen Geheimdienste.
288 Seiten, Paperback, DM 24,00

*

Nutzt es der Demokratie, wenn man zu ihrem Schutz geheime Behörden einrichtet? Während der Wende und danach zeigte sich die völlige Inkompetenz der drei übriggebliebenen Geheimdienste (Bundesnachrichtendienst, Verfassungsschutz, Militärischer Abschirmdienst). Von dem vertrauten und liebgewordenen Gegner Stasi erst gar nicht zu reden. In dieser Situation ist es angebracht, den Nebel ein wenig zu lichten. Eine Überprüfung sollte – die Methode der Geheimdienste auf diese selbst angewandt – erst einmal den Personen, danach den Einrichtungen gelten. Wer waren die prominenten deutschen Geheimdienstchefs – Reinhard Gehlen, Otto John, Günther Nollau, Heribert Hellenbroich, Markus (»Mischa«) Wolf, Erich Mielke – in Wirklichkeit? Bisher gab es kein Buch, das sich dem Thema auf diese Weise genähert hat: es beweist, warum deutsche Geheimdienste nichts taugen.

Bitte fordern Sie das kostenlose Gesamtverzeichnis an:
Steidl Verlag · Düstere Str. 4 · 37073 Göttingen

JÜRGEN ALBERTS
Zielperson unbekannt
Roman aus dem Verfassungsschutz.
272 Seiten, Taschenbuch, DM 10,00

*

Vier Topagenten eines deutschen Geheimdienstes fühlen sich unwohl. Man hat sie aufs Abstellgleis geschoben. Aber statt sinnlose Aktenvermerke anzulegen, planen die Geheimdienstler eine spektakuläre Aktion, plaziert im Fadenkreuz von Terrorismus und Atomkraft. Plötzlich jedoch gerät die brisante Inszenierung aus den Fugen – und die Nation an den Rand einer Katastrophe... Drei Jahre hat Jürgen Alberts recherchiert. Er ist Affären nachgegangen, hat in Archiven geforscht und sich mit Agenten mehrerer Geheimdienste unterhalten. Er war der einzige westdeutsche Journalist, der mit Hansjoachim Tiedge ausführlich sprechen konnte. Aus der Fülle des gesammelten Materials wurde ein Roman. Ein Realitätsthriller. Es ist der Stoff, aus dem die politischen Skandale sind. Als Buch knisternd, spannend, phantastisch; in Wirklichkeit ein Alptraum.

ANTON-ANDREAS GUHA

**Der Planet schlägt zurück
Ein Tagebuch aus der Zukunft**

256 Seiten, stb 28, Originalausgabe,
DM 16,80

*

3. Januar 2000: Alarmstufe 1 für die Nordseeküste. Die Regierung erwägt, Hamburg diesmal zu evakuieren...
Ein Tagebuch aus der Zukunft – die Schlagzeilen von morgen? Es schildert eine potentielle Realität: den sich abzeichnenden Klimakollaps, der unweigerlich eine weltweite gesellschaftliche und soziale Katastrophe zur Folge hätte. Anton-Andreas Guha verarbeitet alle bekannten Zahlen, Daten und Fakten und schreibt sie in die Zukunft fort. So zeichnet er ein Bild unserer künftigen Alltagswirklichkeit nach und macht sie gewissermaßen schon heute erlebbar, sowohl rational als auch emotional. Dabei kreist das Buch immer wieder um die Frage, wie die künftigen Generationen uns Heutige beurteilen würden, wenn diese Katastrophe eintreten sollte:
Sie würden uns verfluchen.

Bitte fordern Sie das kostenlose Gesamtverzeichnis an:
Steidl Verlag · Düstere Str. 4 · 37073 Göttingen

PETER WYDEN

STELLA

Aus dem Englischen von Ilse Strasmann.
400 Seiten, gebunden, DM 39,80

*

Stella Goldschlag war blond, schön und verführerisch. Sie war vielseitig begabt und zu einer anderen Zeit, in einem anderen Land, hätte sie wohl eine glänzende Karriere gemacht. Doch Stella war Jüdin und lebte in Deutschland. Auf Zwangsarbeit in der Rüstungsindustrie folgte schließlich das Dasein im Versteck. Die Katastrophe trat ein, als Stella verhaftet und wochenlang gefoltert wurde. Um ihre Eltern vor der Deportation zu bewahren, war sie bereit, versteckt lebende Juden an die Gestapo zu verraten. Ihre Eltern hat sie nicht retten können. Dennoch hat sie weitergemacht. Hatte sie eine andere Wahl? Stella lebt heute wieder im Verborgenen. Peter Wyden hat sie ausfindig gemacht und mit ihr gesprochen. Er hat über seine Klassenkameradin von einst ein Buch geschrieben, das sich wie ein Kriminalroman liest.

Bitte fordern Sie das kostenlose Gesamtverzeichnis an:
Steidl Verlag · Düstere Str. 4 · 37073 Göttingen

RICHARD DOVE

**Ernst Toller
Ein Leben in Deutschland**

Aus dem Englischen von
Marcel Hartges.
352 Seiten, broschiert, DM 48,00

*

Ernst Toller war in den zwanziger Jahren einer der meistgespielten Theaterschriftsteller Deutschlands. Die bedeutendsten seiner Stücke schrieb Toller im Gefängnis. Als einer der Führer der unglücklich gescheiterten Münchener Räterepublik von 1919 war er bis 1924 in der Festung Niederschönenfeld inhaftiert. 1933 ging Toller ins Exil. Er, der gescheiterte Revolutionär und Verteidiger der Menschenrechte, wurde zum weithin gehörten und respektierten Politiker der Emigration, und war neben Thomas Mann der berühmteste deutsche Schriftsteller in den USA. Bei Ausbruch des Krieges 1939 nahm Toller sich entmutigt und verzweifelt das Leben. In seiner fesselnden Biographie erweist sich Richard Dove als ebenso kenntnisreicher wie verständiger und einfühlsamer Führer durch die Wechselfälle von Tollers Leben.

Bitte fordern Sie das kostenlose Gesamtverzeichnis an:
Steidl Verlag · Düstere Str. 4 · 37073 Göttingen

SIEGFRIED KOHLHAMMER
Auf Kosten der Dritten Welt?
Essay · herausgegeben von Kurt Scheel
Mit einem Nachwort von
Rupert Neudeck.
152 Seiten, broschiert, DM 20,00

*

Die Politik des großen Geldes ist am Ende: Tatsächlich haben wir jahrelang nicht den Armen, sondern den kleptokratischen Eliten dieser Länder geholfen. Unserer Verpflichtung zur Hilfe für die Dritte Welt kommen wir nicht dadurch um so gewissenhafter nach, je ausdrücklicher wir uns der Ausbeutung anklagen und zum Abschaum der Erde erklären. Vielmehr indem wir uns präzise Kenntnisse über die komplexe Wirklichkeit der Dritten Welt und des Verhältnisses Erster und Dritter Welt verschaffen, um danach entwicklungspolitisch und humanitär zu handeln. Siegfried Kohlhammers Essay will den Anstoß zu einem entwicklungspolitischen Wendepunkt geben: Aufgrund der Daten und Fakten scheint die Vorstellung, daß wir reich sind, weil sie arm sind, schlicht falsch zu sein.

Bitte fordern Sie das kostenlose Gesamtverzeichnis an:
Steidl Verlag · Düstere Str. 4 · 37073 Göttingen

MICHAEL RUTSCHKY
Unterwegs im Beitrittsgebiet
Essay. Herausgegeben von Kurt Scheel.
160 Seiten, broschiert, DM 20,00

*

Von drei Reisen in die DDR – danach das Beitrittsgebiet oder die neuen Bundesländer – hat Michael Rutschky, bekannt als literarischer Ethnograph des Inlandes, in diesem Buch zu berichten. Bei der ersten, im November 1989, gab es die DDR noch, aber ihre Umwälzung hatte begonnen. So durfte der Reisende sich unbeaufsichtigt umtun, in bekannten Städten wie Weimar, aber auch in Ortschaften des Erzgebirges, deren Namen er noch nie gehört hatte. Bei der zweiten Reise, im November 1991, wiederum ins Erzgebirge, war der Beitritt vollzogen; nie hatte es eine Alternative gegeben. Die dritte Reise, im Sommer 1993, vermißt »das Land«, wie die Einheimischen immer noch sagen, rundherum: von Schwerin über die Tropfsteinhöhlen des Harzes nach Leipzig, Cottbus, Stralsund. Alles ändert sich – »aber erst jetzt ist die DDR entstanden!« wie eine einheimische Dichterin sagt.

Bitte fordern Sie das kostenlose Gesamtverzeichnis an:
Steidl Verlag · Düstere Str. 4 · 37073 Göttingen

WALTER KLIER

Das Shakespeare-Komplott

Essay. Herausgegeben von Kurt Scheel.
208 Seiten, broschiert, DM 20,00

*

Das Œuvre Shakespeares, des »Kaisers der Literatur«, ist von geradezu beängstigender Lebendigkeit, auf der Bühne wie im Seminar: Eine akademische Industrie von erstaunlichen Ausmaßen nimmt sich seiner seit nun 200 Jahren an. Das Ergebnis dieses gigantischen historischen Lauschangriffs: Wir wissen dies und das über den Kaufmann aus Stratford, doch nichts weist ihn tatsächlich als Autor der berühmten Dramen aus. In diesem Buch werden zwei Operationen ausgeführt: Zunächst wird das »herkömmliche« Shakespeare-Bild auf seine wissenschaftliche Haltbarkeit untersucht, welche sich als gering herausstellt. Sonach wird in skizzenhafter Form eine erstaunliche Geschichte von Macht und Literatur, Verschwörung, Schweigen und Verkleidung nacherzählt, die, gleich welche Schlüsse man für sich zieht, ganz gewiß verhindert, daß man den Meister je wieder so lesen oder betrachten kann wie bisher.

Bitte fordern Sie das kostenlose Gesamtverzeichnis an:
Steidl Verlag · Düstere Str. 4 · 37073 Göttingen

GÜNTER WALLRAFF

Enthüllungen

224 Seiten, stb 11, DM 16,80

*

Dieser Band versammelt wichtige Reportagen von Günter Wallraff; viele dieser Stücke gehören unterdessen zur klassischen Reportageliteratur und sind hier seit langem erstmals wieder greifbar. Wallraff über das Leben in der Kaserne, über Erfahrungen in Großbetrieben, als Reporter Hans Esser bei der »BILD«-Zeitung. Diese Reportagen vermitteln ein eindrückliches Bild davon, was ein engagierter einzelner – allerdings unter höchstem persönlichen Einsatz – im Dickicht unserer modernen Gesellschaft an Ungerechtigkeiten aufdecken kann.

Bitte fordern Sie das kostenlose Gesamtverzeichnis an:
Steidl Verlag · Düstere Str. 4 · 37073 Göttingen